SV

Die Fotojournalistin Julia Leeb berichtet von den gefährlichsten Orten unserer Welt. Hautnah erfährt sie, wie sich Menschen in Extremsituationen verhalten, sei es bei den Kämpfen der Nubier im Sudan, bei den Warlords im Kongo, im Krieg in Libyen, während der Revolution in Ägypten oder in der abgeschotteten Diktatur in Nordkorea. Dabei gerät sie selbst in Lebensgefahr: Als sie mit ihren Recherchen der Wahrheit zu nahe kommt, soll sie kaltblütig umgebracht werden. Ein anderes Mal wird sie verschleppt, um sie als Zeugin zum Schweigen zu bringen.

Dennoch schildert sie in ihren Reportagen über die Vergessenen unserer Welt auch immer wieder Begegnungen voller Schönheit und Hoffnung. Es sind vor allem Frauen, die durch ihren Mut und ihre Zuversicht den Weg aus Gewalt und Unterdrückung zu Frieden und wahrer Menschlichkeit weisen.

Julia Leeb, geboren in München, arbeitet als Fotojournalistin und Filmemacherin mit Schwerpunkt auf Virtual Reality. Ihre Bilder wurden in zahlreichen internationalen Zeitungen und TV-Sendern veröffentlicht. 2016 wurde sie von *Elle* zu einem der 80 internationalen Charakterköpfe und von *REFINERY29* zu einer der 29 inspirierendsten Frauen Deutschlands gewählt. Leeb wurde für den Deutschen Fotobuchpreis und den Peter Scholl-Latour Preis nominiert. Zuletzt erschien: *North Korea – Anonymous Country* (2014).

Julia Leeb
Menschlichkeit in Zeiten der Angst

Reportagen über die Kriegsgebiete
und Revolutionen unserer Welt

Mit zahlreichen Fotos

Suhrkamp

Erste Auflage 2021
suhrkamp taschenbuch 5075
Originalausgabe
© Suhrkamp Verlag Berlin 2021
Suhrkamp Taschenbuch Verlag
Umschlagabbildung: © Tarek Mansour, 2011
Umschlaggestaltung: Rothfos & Gabler, Hamburg
Druck und Bindung: CPI books GmbH, Leck
Printed in Germany
ISBN 978-3-518-47075-6

Inhalt

Für meine Familie

Menschlichkeit in Zeiten der Angst

In der Falle

Libyen, 14. März 2011

Meine Finger graben sich in den steinigen Boden der Wüste. Es ist ein windiger Tag und es ist Krieg. Gerade schlug eine Rakete neben mir ein. Es verstreichen einige Sekunden. Erst dann realisiere ich, dass ich nicht getroffen wurde.

Ich kann nicht mehr aufhören zu zittern. Das kleine Erdbeben hat sich auf meinen Körper übertragen. Dann zischt es wieder. Wo wird das nächste Geschoss einkrachen? Wird mein Körper zerschmettert? Werden wir überleben? Wie lange dauert es zu verbluten? Die Sekunden enden nicht.

Als ich vor ein paar Stunden das Hotel verließ, hatte mich ein ungutes Gefühl erfasst. Auch die Fahrt in die Wüste war flankiert von warnenden Symbolen. Der Sandsturm, liegengebliebene Autos, fliehende Familien mit Matratzen auf dem Autodach.

Wir waren zu viert unterwegs. Mit mir im Auto saßen der deutsche Publizist Jürgen Todenhöfer, die Zufallsbekanntschaft Youssef und Abdul Latif, unsere weise und großzügige Kontaktperson vor Ort.

In den letzten Tagen hat sich hier viel verändert. Ein bekannter Al-Jazeera-Journalist wurde erschossen. Es sollen Gaddafis Männer gewesen sein. Der Aufstand in Libyen ist über Nacht in einen Krieg gemündet. Youssef scheint sich dessen nicht wirklich bewusst zu sein. Erst vor ein paar Stunden habe ich ihn kennengelernt. Als wir ihn nach einem Schleichweg in die Stadt Brega fragten, stieg er spontan zu uns in den Wagen und kontaktierte Verwandte in der vermeintlich befreiten Stadt. Auf dem Weg dorthin hielten wir an und sprachen mit Rebellen. Zwei Autos mit fröhlichen Familien fuhren

Ausgebrannte Autos auf dem Weg nach Brega

an uns vorbei. Lächelnd zeigten sie uns das Victory-Zeichen. Zurück im Wagen begann Youssef, mich während der Fahrt pausenlos zu fotografieren. So lange, bis sein Akku fast ausging. Was sich später als verhängnisvoll herausstellen sollte. Im Auto herrschte gute Stimmung. Abdul Latif hatte uns Datteln mitgebracht, auf die er wegen seiner Diabetes verzichten sollte. Er erzählte, dass die Beduinen den Kern im Mund behalten, um den Durst zu bekämpfen. Nachdem ich kurz eingenickt war, schaute ich auf mein Handy und bemerkte, dass die Verbindung gekappt worden war. Plötzlich sahen wir sechs ausgebrannte Autos. Sie standen am Straßenrand und teilweise in der Wüste. Warum wir ausgestiegen sind, weiß ich nicht mehr. Ich weiß nur, dass es uns fürs Erste das Leben gerettet hat. Zumindest einigen von uns.

Ich nahm meine Kamera, um zu dokumentieren, was passiert war. Das ist meine Arbeit.

Doch irgendetwas stimmte nicht. Es war unheimlich. Weit und breit kein Baum, keine Felsen, kein Haus. Nur die ausgebrannten Autowracks in diesem endlosen Meer aus Stein und Sand. Ich fühlte mich wie auf einem Präsentierteller und hatte das Gefühl, beobachtet zu werden. Zu diesem Zeitpunkt wusste ich noch nicht, dass man uns ins Visier genommen hatte. Auf einer weit entfernten Anhöhe wartete jemand darauf, abdrücken zu können und uns mit einer Boden-Boden-Rakete auszulöschen. Unter einem der Fahrzeuge sah ich eine Flamme lodern. Auf den Sitzen nur ein Häufchen Asche. Schlagartig verstand ich, dass einige dieser Wracks die Autos der vorbeigefahrenen Familien sein mussten.

Dann geht alles ganz schnell. Ich will weg und laufe zur Straße, doch wie aus dem Nichts zischt ein Streifen an mir vorbei. Dann ein lauter Knall. Eine riesige Feuersäule ragt in den Himmel. Instinktiv gehe ich hinter einem der Wrackskelette in Deckung. Bloß weg hier. Plötzlich eröffnet jemand das Granatfeuer.

Granateinschläge, von der Düne aus gesehen

Die Einschläge wirbeln Sand, Staub und Rauch um mich herum durch die Luft. Ich renne an dem rotglühenden Feuerball vorbei und suche unser Auto. Alles ist flach. Weit und breit keine Möglichkeit, sich zu verstecken. Wird meine Kamera mit einer Waffe verwechselt? Um zu zeigen, dass ich Zivilist bin, erhebe ich meine Hände. Ich laufe um mein Leben, aber es kommt mir vor, als seien meine Beine aus Blei, als bewege ich mich in Zeitlupe. Nach etwa einem Kilometer springe ich hinter eine kleine Düne, wo schon Youssef liegt. »Abdul mout«, sagte er. Tot. Ich hoffe so sehr, dass es nicht das bedeutet, was ich befürchte. »Abdul mout«. Er wiederholt es immer und immer wieder. Bis die erste von vier Granaten in der Ferne einschlägt.

Seitdem ist es still. Der Tod hält uns umklammert. Wie bin ich hier hineingeraten? Natürlich, ich empfinde meine Arbeit als sinnvoll, und ja, ich habe den naiven Anspruch, durch Bilder die Welt verändern zu können. Doch jetzt bin ich unter schwerem Artilleriebeschuss mitten in einem Krieg, der nicht der meine ist. Ich bin ausgeliefert und werde wie ein Kaninchen gejagt. Seit über drei Stunden versucht jemand, mich mit modernster Technik zu ermorden. Die Chance, hier lebend rauszukommen, ist gering. Wenn von uns genauso viel übrig bleibt wie von den Insassen der anderen Autos, dann wird nie jemand erfahren, was passiert ist. Ich denke an meine Eltern. Sie wissen nicht, dass ich in Libyen bin. Sie werden nichts verstehen und nach mir suchen. Vergeblich.

Der Beginn eines Lebens an den Brennpunkten unserer Welt

Den Stuhl rücke ich ein bisschen mehr nach links, dann nach rechts und setze mich wieder. Sie beobachtet mich immer noch. Die Frau, Mitte dreißig, mit der eleganten Press-Lockenfrisur. Ein bisschen vergilbt sieht sie aus, immerhin schaut sie schon viele Jahrzehnte aus diesem Holzrahmen heraus. Ende des 19. Jahrhunderts wurde sie auf dem Schwarz-Weiß-Foto verewigt, habe ich auf der Rückseite erfahren. Während sie auf diesem Stuhl saß mit dem Pelzmantel um die Schultern, lagen die beiden Weltkriege noch in der Zukunft, war der Laptop, an dem ich gerade arbeite, noch nicht erfunden. Sie blickt mich aus einer vergangenen Zeit an. Und ich mustere sie, halb bewundernd, halb mitleidig.

Ich scheue mich davor, ihr Foto umzudrehen. Schließlich bin ich nur Gast in diesem Haus, das vielleicht mal ihres war. Eine Freundin hat mich zu sich nach Klagenfurt auf den Familiensitz eingeladen, damit ich in diesem wunderschönen Biedermeierzimmer in Ruhe schreiben kann. Stattdessen starre ich das Foto an und denke darüber nach, warum der Mensch, unabhängig von Ort und Zeit, den tiefen Wunsch verspürt, Momente festzuhalten, Bilder zu schaffen. Zu Lebzeiten meiner Beobachterin konnte man nicht das ganze Dasein dokumentieren wie heute. Kameras waren rar, das Entwickeln der Bilder war kostspielig. Viel mehr als dieses eine Foto wird es von der Frau nicht geben. Den nachfolgenden Generationen wird sie als junge, gepflegte Dame in Erinnerung bleiben. Von all den anderen Momenten ihres Lebens, ihren Taten, Reisen, Geburten, gibt es keine Belege. Der kurze Augenblick, in dem der Auslöser gedrückt wurde, hat die Deutungshoheit über diese Person für die Nachwelt besiegelt: Sie wird in ewiger Jugendlichkeit gebannt weiterleben.

Dabei verändert sich alles ständig. Manche Länder sind verschwunden, andere entstanden. Der Mensch ist es mittlerweile schon müde, zum Mond zu fliegen, und lässt sich das Leben von künstlicher Intelligenz organisieren. Aber das Verlangen, seine Erlebnisse zu teilen, ist immer geblieben. Von der Höhlenmalerei bis Instagram. Warum besitzen Bilder eine solch große Macht, dass Herrscher – ihre unberechenbare Auswirkung fürchtend – Verbote verhängen?

Das psychologische Moment der Fotografie hat mich schon immer fasziniert, als Kind war ich mir dessen natürlich nicht bewusst. Damals erschuf ich Fantasiewelten mit dem Pinsel. Noch als Teenager malte ich mit Wasser- und Ölfarben, mit denen mich meine geliebte Großmutter immer versorgte. Bis zu dem Tag, an dem meine Schwester und ich einen eigenen analogen Fotoapparat geschenkt bekamen – für mich das schönste Präsent überhaupt. Von nun an konnte ich Abbilder schaffen von dem, was um mich herum existierte. Später kam die erste Filmkamera in die Familie. Viele Jahre später verbringe ich einen Nachmittag mit Werner Herzog, der mir erzählt, dass er der Filmhochschule eine Kamera entwendet hat. Das sei kein Diebstahl, sondern eine Notwendigkeit gewesen. Wie immer man diese Langzeit-Leihgabe im Nachhinein klassifizieren mag, die Kamera war im Dauereinsatz. Das Gerät ging irgendwann kommentarlos in meinen Besitz über. Auf einigen gut versteckten Kassetten finden sich eher peinliche Aufnahmen von einem *Bolero*-Schleiertanz mit einer Freundin auf dem Autodach meines ahnungslosen Vaters, eine *Schwanensee*-Eigeninterpretation und die Vertreibung aus dem Paradies, die ich mit Freundinnen im Garten nachstellte. Wie dankbar ich rückblickend dafür bin, dass wir ohne ständiges Publikum in Form der sozialen Medien aufwachsen, die Pubertät offline durchleben konnten – wer besagte Aufnahmen kennt, weiß, was für ein Glück wir hatten!

Eine Kindheit ohne Computer und mit einem einzigen Fernseher mit drei für Kinder uninteressanten Programme scheint mir heute ein unwiederbringliches Privileg. Meine Schwester und ich erschufen uns während der langen Essen am Stammtisch der Erwachsenen traumhafte Gegenwelten, in denen nur unsere eigenen logischen Gesetze galten. Welten, die wir verstehen konnten und zu denen wir ausschließlich Gleichgesinnten Zutritt gewährten. Mit meiner Freundin Michelle beschlagnahmte ich den Geräteschuppen, räumte ihn aus, malte ihn dunkelblau an und richtete unser eigenes Labor ein. Wir produzierten etwa hundertzwanzig verschiedene Kräutermischungen, mit denen wir nach Hildegard von Bingen und nach eigenem Gutdünken experimentierten. Mit anderen Kindern, die nichts mit unserer Hexenküche anfangen konnten, stillten wir unseren Entdeckerdrang im anliegenden Wald, aus dem ich regelmäßig mit Zecken und schließlich mit Borreliose nach Hause kam. Vor Langweile oder Familienstreitigkeiten flüchteten wir uns in unsere eigenen Fiktionen.

Die Generation meiner Eltern besaß während ihrer Kindheit wenig, erlebte später aber das Wirtschaftswachstum im Nachkriegsdeutschland mit. Medizin und technische Geräte wurden immer erschwinglicher, der Lebensstandard verbesserte sich konstant. Gewisse Ängste allerdings blieben ihnen erhalten.

Meine etwas jüngeren Lehrer hingegen versuchten, uns Schülern eine seltsame Art von schlechtem Gewissen einzuflößen und uns auf subtile Weise zur Ängstlichkeit zu erziehen. Vielleicht hatten sie selbst Gewissensbisse, dass es ihnen besser erging als ihren Eltern, oder sie gaben die unaufgearbeiteten Konflikte zwischen den beiden Generationen ungefiltert an uns weiter. Was auch der Grund war, in mir wuchs das Gefühl, dass alles jederzeit weg sein könnte – Materielles, aber auch geliebte Menschen. Wie eine schwarze Wolke schwebte die Sorge über mir, dass schöne Momente nicht wiederholt werden können, dass ich Menschen vielleicht zum letzten Mal sehe. Diese Furcht war nie konkret, immer abstrakt. In manchen Augenblicken fühlte sie sich für mich als Kind unkontrollierbar und unausweichlich an. Als lauerte die Gefahr um die Ecke und würde früher oder später nach mir und meiner Familie greifen.

Sicher war dieses Damoklesschwert, dieses Gefühl der latenten Bedrohung mit ein Grund, warum ich sofort besessen war vom Fotografieren. Die Kamera war das einzige Instrument, das das unerbittliche Verfließen der Zeit aufzuhalten vermochte. Durch das Fotografieren konnte ich diese unverständliche Welt in kleine Einheiten unterteilen, in schmale Zeitausschnitte. Die Geschehnisse wurden von ihren zeitlichen Abläufen befreit, Miniaturrealitäten aus dem großen Ganzen herausgelöst. Für mich hatte das etwas Beruhigendes, der Akt des Fotografierens bedeutete Kontrolle auszuüben über etwas Unkontrollierbares. Unaufhörlich visierte ich Personen an, die im Gespräch versunken waren, und drückte genau im richtigen Moment den Knopf. Ich entriss der Zeit eine Millisekunde, um mir diesen unwiederbringlichen Moment anzueignen, ihn für immer zu besitzen, ihn nicht mehr verlieren zu können. Die Welt für einen Augenblick zu stoppen, das Leben kurz anzuhalten und den Moment einzufrieren – dieser Wunsch ließ mich nicht mehr los.

Nachdem meine Mutter von einer Audienz bei Mutter Teresa in Delhi so sehr berührt war, reisten wir zusammen mit meiner Schwester erst nach Myanmar, dann nach Indien. Meine ersten großen Reisen außerhalb Europas haben mir das Tor zur Welt aufgestoßen. Wir ritten auf Pferden durch das sagenumwobene Rajasthan, auf Bergplateaus, durch Flusstäler und in Dörfer, die Menschen wie uns noch nie gesehen hatten. Wir schliefen in Zelten und manchmal in heruntergekommenen Palästen, fuhren mit Rikschas durch das Verkehrschaos der überbevölkerten indischen Städte. Ich sah Tempel

Als Teenager in Myanmar

mit heiligen Ratten, leprakranke Bettler, bunte Saris auf Reisfeldern, einen Jungen mit Elefantenfuß, Spirituelle, Tänzer, heilige Kühe, einen Maharadscha, tanzende Pferde und Warane im Badezimmer. Momente, in denen ich begriff: Die Welt ist groß, wild, traurig, laut. Sie stinkt, duftet, ist ungerecht, spirituell, hässlich und schön. Jeder Eindruck wurde im Sekundentakt durch ein anderes Erlebnis überschrieben. Das pralle Leben in einer Nussschale.

Ich hatte Glück, dass meine Eltern mich weltoffen erzogen haben. Wissen wurde in der Schule vermittelt – in meinem Fall in einem humanistischen Gymnasium mit Lateinleistungskurs. Doch die echte Erziehung fand bei uns zu Hause statt. Als ich noch ein

Kind war, gründete meine Mutter einen Verein für belarusische Kinder, die Opfer der radioaktiven Tschernobyl-Wolke geworden waren. Da Tschernobyl in der Ukraine liegt, fokussierte sich die deutsche Presse damals nur auf dieses Land. Absurd, als ob eine kontaminierte Wolke vor von Menschenhand gezeichneten Grenzen Halt machen würde. Belarusische Kinder verbrachten über zehn Jahre jeden Sommer in Deutschland, wo meine Mutter sie in verschiedenen Familien unterbrachte und Arzttermine organisierte. Die schwierigen Fälle blieben bei uns. Jede großen Ferien teilte ich also mein Zimmer mit fremden Kindern und später mit Teenagern, was in dem Alter nicht immer friedlich ablief. Ich lernte schnell, dass man für Dinge, die man gibt, nie Dankbarkeit erwarten darf.

Die internationale Arbeit meiner Mutter machte mir auch bewusst, dass Menschen in wichtigen Positionen Fehler mit erheblichen Langzeitfolgen machen können und dass diese Entscheidungsträger nicht für sie einstehen wollen. Dass sie sie lieber vertuschen, als einzugestehen, dass ihr Volk über Jahrzehnte mit Krankheit und Tod bedroht sein wird. Ich lernte, dass man nicht alles kommentarlos und unterwürfig hinnehmen sollte, sondern dass man hinterfragen muss. Ich begriff, was Zivilcourage bedeutet und was Scheinheiligkeit: Viele derjenigen, die sich nach außen hin besonders menschenfreundlich und altruistisch gaben und gerne anderen Lektionen erteilten, nahmen nie ein Gastkind auf. Zehn Jahre lang hatten sie Ausreden.

Die Patenschaften für verarmte Senioren in diesem seinerzeit doch recht abgeschotteten Land hielten über dreißig Jahre. Meine Eltern zeigten mir, nicht auf jemanden zu warten, der endlich tätig wird, sondern selbst aktiv zu werden. Durch ihre Initiativen hat sich für viele Belarusen das Bild von den Menschen in Deutschland verändert. Durch den jahrzehntelangen Austausch ist eine nachhaltige Völkerverständigung entstanden. Für all die Jahre unentgeltlichen

Engagements und passionierter Arbeit hat meine Mutter kein einziges Mal Anerkennung erwartet.

Als ich volljährig wurde, wollte ich so schnell hinaus in die Welt, dass ich mein Abiturzeugnis gar nicht mehr persönlich abholte. Meine Eltern, erleichtert, dass ich den Abschluss trotz einer schweren Herzmuskelentzündung bestanden hatte, erfüllten mir den Wunsch. Ich plante einen dreiwöchigen Spanischkurs – dass der in Ecuador stattfinden würde, erzählte ich ihnen erst später. Aus den drei Wochen wurden sechs Jahre, in denen ich nicht mehr nach Hause kam.

Heute weiß ich nicht, woher ich damals den Mut nahm, ohne Spanischkenntnisse und mit keinem einzigen Kontakt vor Ort nach Südamerika zu reisen. Sechs Monate war ich unterwegs, durchquerte Chile, arbeitete auf einem Feld in Paraguay, trampte durch den berüchtigten Chaco, fuhr durch die eiskalte Salzwüste und stieg mit Arbeitern hinab in bolivianische Minen. Im damals sehr unsicheren Kolumbien wanderte ich durch den Dschungel und begegnete dort Ureinwohnern, schwang mit einer Liane über eine Schlucht und aß Ameisen, die nach Zitronen schmeckten. In der ecuadorianischen Hauptstadt Quito lebte ich bei einer Familie, bis ich weiterzog zu Indigenen in den Bergen. Die Hausfrau, bei der ich lebte, trug traditionelle Tracht, flocht sich jeden Morgen zwei Zöpfe und servierte oft Meerschweinchen. Wenn sie das Haus verließ, trug sie stets einen großen schwarzen Hut.

Nur ein einziges Café hatte Internetzugang. Dort schrieb ich meiner Familie und Freunden nach Deutschland, etwa von meinen indigenen Freunden namens Jesús und Elvis, die sich rührend um mich kümmerten und mich mit zu illegalen Abrisspartys mit dem Musiker Manu Chao nahmen.

Meine nächste Station waren die Galapagosinseln, wo ich in einem trostlosen Betonzimmer hauste. Weil ich allein war, fühlte ich mich oft unsicher, wünschte mir, mit jemandem an meiner Seite

Indianerdorf im kolumbianischen Dschungel

die menschenleere Umgebung zu erkunden. Im Internetcafé der
kleinen Stadt traf ich einen Biologen, der mich mit auf ein Expedi-
tionsboot einer wohlhabenden schwedischen Familie nahm. Nachts
gingen wir mit Haien tauchen, tagsüber gesellten sich Robben zu
mir an den Strand. Ich beobachtete, wie sich Meeresechsen sonnten,
Blaufußtölpel miteinander schnäbelten und Schildkröten sich paar-
ten. Danach verabschiedete ich mich für ein paar Wochen in den
Dschungel, wo mir meine Gastgeberin nicht glauben wollte, dass
wir in Europa Maschinen besitzen, die für uns die Wäsche erledigen.
Und wo mich Affen terrorisierten, indem sie ständig in mein Zimmer eindrangen und meine Stifte klauten.

Ich beobachtete Kolibris im Nebelwald und besuchte Bauern, die Kakao anpflanzten. Dort erzählten mir die Menschen von bösen Männern, die sie vertreiben wollten. In Mindo, dem Naturparadies, sollte Öl gefördert werden. Die Bewohner protestierten, wurden dafür erst schikaniert, dann entrechtet – und niemand jenseits dieses kleinen Fleckchens Erde bekam etwas davon mit oder schien sich dafür zu interessieren. Ich fand das ungeheuerlich. Zum ersten Mal begegnete ich Opfern skrupelloser Machenschaften, jedoch nicht als Gäste in meinem gewohnten Umfeld. Ich sah ihre tiefe Hilflosigkeit vor Ort, erlebte diese zum Himmel schreiende Ungerechtigkeit mit ihnen.

Irgendwo in den USA hatten Geschäftsmänner Verträge unterschrieben und damit den Menschen im Dschungel von heute auf morgen die Kontrolle über ihr Land entzogen. Die Konsequenz war nichts Abstraktes, nichts weit Entferntes, sie war sehr konkret: Es ging um Vertreibung. Um ihren Grund und Boden, um ihr Leben. Es ging um alles.

Diese Monate in Südamerika machten mich zu einem politischen Menschen.

Ich war in Deutschland geboren, zufällig in dem Teil des Landes, in dem seit Jahrzehnten Demokratie herrscht. Dafür musste ich nie kämpfen, keinerlei Opfer für meine Freiheit bringen. Als ich in Ecuador mit den Menschen bangte, beschloss ich, meiner privilegierten Konstellation – dem Zufall von Geburtszeit und Geburtsort – Rechnung zu tragen. Denn nur wenn Unrecht unsichtbar bleibt, wächst es sich zu einem unberechenbaren Monster aus. Deshalb wollte ich die Unschuldigen in den Fokus des öffentlichen Interesses rücken, um ihnen zu ermöglichen, die Kontrolle über ihr Leben zu behalten. Was bietet sich dafür besser an als Bilder?

Bilder machen den Betrachter zum Zeugen, zum Komplizen, zum Betroffenen. Sie lassen ihn die Skrupellosigkeit der einen und die Verletzlichkeit der anderen spüren. Damals, im Jahr 2000, war es noch nicht so einfach, Öffentlichkeit zu erzeugen. Mit dem weitverbreiteten Internetzugang von heute, der Reichweite der sozialen Medien und einer engagierten Jugend hätten wir diese Menschen aus dem Meer der Anonymität bergen können. Mit solidarischer Unterstützung hätten wir die Gesichter hinter den Statistiken zeigen und den Bewohnern im Dschungel die Deutungshoheit über ihr Leben zurückgeben können. Heute dokumentieren die jungen Generationen permanent ihr Leben. Für sie sind Fotos Teil ihres Alltags, Teil ihrer Kommunikation. Der Erfinder der Handykamera hat die Gegenwart und Zukunft der Welt verändert. Unsere Kinder und Kindeskinder werden keine optischen Lücken mehr in ihrer Biografie haben. Tsunamis an Fotos überschwemmen die sozialen Netzwerke. Warum also in einer bilderdurchfluteten Welt überhaupt noch fotografieren?

Weil man dort hinschauen muss, wo niemand so einfach ein Selfie hochladen kann. In die toten Winkel unserer Welt. In die Regionen, von denen wir kaum Bilder in den Medien sehen, weil Krisen und Kriege die Menschen aus dem Land treiben, sie kraftlos machen oder zum Schweigen bringen. Wie die meisten Fotojournalisten sehe ich mich als Chronistin der Gegenwart, als Zeitzeugin politischer Langzeitentwicklungen mit dem Anliegen, auch die blinden Flecken unserer Welt zu erkunden. Doch das lag noch in weiter Ferne.

Von Südamerika kehrte ich nach Europa zurück mit dem Vorhaben, mich politisch einzubringen. Deshalb studierte ich in Madrid Internationale Beziehungen und Diplomatie. Nach einer Zwischenstation an der Sorbonne in Paris ging ich für ein Praktikum ins italienische Auswärtige Amt nach Rom. Ich traf viele Botschafter und bekannte Politiker. Am meisten interessierte mich aber der Irakkrieg, den die USA vom Zaun gebrochen hatten. Daher hielt ich mich an arabische Mitarbeiter, unterhielt mich mit ihnen, lernte von ihnen. Durch sie entdeckte ich meine Faszination für die arabische Welt. Zu ebendieser Zeit erkannte ich, wie wenig die Politik tatsächlich mit den normalen Bürgern kommuniziert. Dass niemand die Dokumente liest, die mit großem Rechercheaufwand angefertigt werden. Dass vernünftige und logische Argumente von Polemik und Hasstiraden überrollt werden können.

Ich verließ Italien und flog nach Ägypten. Dubai, Libyen und Syrien waren bis dahin die einzigen mir bekannten arabischen Länder, aber in Ägypten wollte ich bleiben. In Alexandria organisierte ich meine ersten Fotoausstellungen und belegte Kurse zum Thema Friedensforschung. Später wurde mir mit entsprechendem Abstand bewusst, dass ich dort nicht nur viel über die regionale Kultur, sondern auch über meine eigene gelernt habe. Und ich wusste, dass ich nicht Akten, sondern Bilder sprechen lassen muss.

Nach Jahren im Ausland kehrte ich schließlich zurück nach Deutschland. Mir war klar geworden, dass ich Politik visualisieren musste. Ich verstand, wie schnell Kommunikation funktioniert, wenn sie visuell ist. An der Bayerischen Akademie für Fernsehen lernte ich das Handwerk. Noch während der Ausbildung zur Fotojournalistin verabredete ich mit zwei Kommilitonen, für eine Recherche in die Demokratische Republik Kongo zu fliegen. Wir wollten einen Dokumentarfilm drehen, das Geld für die Reise hatte ich von meinem Ersparten zusammengekratzt.

Eine Woche nach Abschluss flog ich – allein. Die beiden hatten kalte Füße bekommen. Gleich zu Beginn meiner Karriere hatte ich gelernt, Expeditionen nicht von fehlerhaften äußeren Umständen abhängig zu machen. Ich hatte verinnerlicht, Zeitfenster nicht verstreichen zu lassen. Der Beginn eines Lebens an den Brennpunkten unserer Welt.

Eine Nacht, die Geschichte schreibt

Ägypten, 11. Februar 2011

Wie viele Menschen den Präsidenten stürzen wollen, weiß ich nicht. Es müssen Hunderttausende sein. Vom Fenster des Nile Hilton Hotels aus sehe ich sie auf dem »Platz der Befreiung« Fahnen in den Landesfarben schwenken, Rot, Weiß, Schwarz, Gold. Sie strecken Plakate in die Luft, auf denen Opfer der Revolution zu sehen sind. Auf einem meine ich, erst eine zerplatzte Wassermelone zu erkennen, doch es ist der zerquetschte Kopf eines jungen Mannes abgebildet. Panzer und Soldaten haben sich in Stellung gebracht. Pechschwarz kokelt die große Parteizentrale neben dem Ägyptischen Museum noch immer vor sich hin.

Vor kurzem wurde sie in Brand gesteckt – die symbolische Bedeutung ist unschwer zu erkennen. Eine Institution, die noch bis vor wenigen Tagen als unantastbar galt, wurde einfach abgefackelt. Dieses Bild ist eine Botschaft, die bei den Demonstrierenden angekommen ist: Wenn das in einem so restriktiven Regime möglich ist, dann ist alles möglich. Ich möchte mich unter die Menschen mischen, auch wenn das Hotelpersonal eindringlich davor warnt. Ägypten ist in Aufruhr, der Tahrir-Platz in Kairo sein Zentrum.

Als mich der deutsche Autor Jürgen Todenhöfer fragte, ob ich als Fotografin mitkommen wolle, zögerte ich keine Sekunde.

Meine journalistische Neugier ist wie so oft stärker als meine Bedenken. Deshalb ignoriere ich die Warnungen des Hotelpersonals und versuche, die Fernsehbilder zu verdrängen.

Ausgebrannte Parteizentrale der Nationaldemokratischen Partei nach dem »Tag des Zorns«

Die Stimmung ist angespannt. Mitten in der Stadt stehen Kampf-
panzer, die Brückenstraßen sind gesperrt, Soldaten mit Helmen re-
gulieren die direkte Umgebung.

Schon bei der Ankunft am Flughafen fielen mir die vielen Uniformierten auf, ansonsten war das Gebäude verwaist. Obwohl es verboten ist, das Militär zu fotografieren oder zu filmen, gelangen mir
ein paar Aufnahmen. Ich traute meinen Augen kaum, so verändert
zeigte sich das Land seit meinem letzten Besuch vor einem Jahr. Die
Straßen waren leer und wurden von unzähligen Schützenpanzern

flankiert. In Deutschland hatte ich ein paar Tage zuvor noch die abstrusen Fernsehbilder gesehen, auf denen Männer auf Kamelen und Pferden durch die Masse der Demonstrierenden preschten. Die unwirklich anarchisch wirkenden Figuren schlugen mit Stöcken, Peitschen und kleinen Macheten auf die Menge ein. Der Tahrir-Platz, das Herz des Aufstandes, versank in blutigem Chaos. Ein Video auf CNN zeigte, wie nachts allem Anschein nach leblose Körper über die Straße gezogen wurden. Zu diesem Zeitpunkt hatten die meisten Ausländer das Land schon verlassen. Auch der US-Botschafter war ausgereist. Sondermaschinen wurden nach Ägypten geschickt, um die eigenen Landsleute rauszuholen. Die ganze Welt schaute gebannt auf den Fernseher und beobachtete das Tauziehen zwischen dem allmächtigen »Pharao« Husni Mubarak und dem aufgebrachten Volk. Auch ich. Doch ich wollte selbst sehen, was vor Ort passiert, und verspürte den Drang, dies zu dokumentieren.

Nun bin ich tatsächlich vor Ort. Wir laufen zum Tahrir-Platz, der von Barrikaden und Stacheldrahtzaun umringt ist, passieren einige Panzer, ein ausgebrannter Bus steht im Weg. Gut organisierte, vermummte Kontrolleure prüfen Pässe und Taschen jeder Person, die den Platz betritt. Für die Revolutionäre ist diese Kontrolle existentiell. Unter keinen Umständen dürfen Waffen auf den Platz gelangen. Würde hier Gewalt ausbrechen, wären die internationalen Sympathien für die Demonstranten dahin. Im medialen Bildersturm ist ihr friedliches Vorgehen das einzige Pfand gegenüber dem Regime.

Auf den Panzern stehen Soldaten mit Maschinengewehren und blicken finster. Doch wer Ägypten ein bisschen kennt, weiß, wie beliebt das Militär – im Gegensatz zur Polizei – bei der Bevölkerung ist. Jede Familie hat mindestens einen Sohn, Mann, Onkel, Bruder, Vater, Neffen, der im Militär dient. Frauen bringen den Soldaten Brotzeit auf den Platz, die Bevölkerung kümmert sich um ihr Wohlergehen. Doch was passiert, wenn sie den Befehl bekommen sollten zu schießen? Die Demonstranten wären auf der freien Fläche gefangen. Mit Sicherheit würde eine Massenpanik ausbrechen. Ich befände mich mittendrin. Doch diese Gefahr wird mit der Stimmung, die eher einem mehrtägigen Musikfestival ähnelt, überspielt. Viele Gesichter sind in den Farben der ägyptischen Flagge bemalt. Jede Erhöhung, seien es Straßenlaternen oder Gebäude, wird von fahnenschwingenden Jugendlichen erklommen. »Das Volk will den Sturz des Regimes!« Immer wieder ertönen Sprechchöre, die durch andere abgelöst werden. Meine Skepsis verflüchtigt sich. Die Leute auf dem Platz sind freundlich und hilfsbereit. Sie breiten Teppiche aus und kampieren unter den Panzern.

Selten habe ich so sympathische und großherzige Menschen getroffen wie in Ägypten. Auf meinen vielen Reisen durchs ganze Land und in dem Jahr, in dem ich in Alexandria gelebt habe, stürzte ich mich kopfüber in diese Kultur, in der die Gemeinschaft sich um jeden kümmert, die älteren Generationen selbstverständlich mit den Familien unter einem Dach wohnen. Für jeden ist Platz, kein Familienmitglied, kein Freund bleibt auf der Strecke. Auf den Reisen in die Oase Siwa zu den Dattelbauern oder nach Assuan fühlte ich mich, als reiste ich in die Vergangenheit. Diese Wolke der Ewigkeit faszinierte mich immer wieder aufs Neue.

Allerdings sind mir nur in wenigen Ländern so unterschiedliche Lebenswelten aufgefallen wie hier. In meinem Umfeld in Alexandria hatte ich besonders nette Freundinnen. Doch im Gegensatz zu meiner Umgebung in Deutschland erlebte ich eine auffällige Stagnation, die sich wie ein schwerer Mantel über die Jugend legte.

Wo bei unseren Jugendlichen Individualität und Kreativität zumindest angestrebt wird, sah ich hier Anpassung als Ziel. In einer Gesellschaft, in der das Wohl der Gruppe über allem steht, schien das Individuum im Kollektiv aufzugehen.

Besonders die streng Religiösen in meinem Bekanntenkreis, die

Schichtwechsel

sich politisch antiwestlich positionierten, wirkten auch durch das
Dilemma, in dem sie sich gefangen fanden – nämlich ausschließlich westliche Produkte zu benutzen und diese gleichzeitig zu verachten –, erschöpft, passiv und zeitweise schwermütig. Ihre eigene
Kultur hatte schon lange nichts mehr Innovatives hervorgebracht,
keine bahnbrechenden Erfindungen oder Neuerungen. Lichtblicke
waren hier nur die glorreiche Vergangenheit, die Gewissheit der mo-
ralischen Korrektheit und eine ersehnte Belohnung in der Zukunft.
In vielen Gesprächen bekam ich den Eindruck, dass Identität mehr
dadurch definiert wurde, was die Menschen nicht sind, was sie nicht
tun, als dadurch, was sie sind oder tun. Ich musste lernen zwischen

den Gedankenwelten zu navigieren, ohne zu urteilen und ohne mich zu verlieren.

Bis kurz vor meiner Scheidung im Jahr 2010 lebte ich in Ägypten. Damals hielt ich eine erfolgreiche Revolution für ausgeschlossen. Blinde Obrigkeitshörigkeit und starre Hierarchien festigten das System. Selbst in den Familien, den kleinsten politischen Einheiten, bestand wenig Raum für individuelle Verwirklichung. Den Status quo aufrechtzuerhalten war die primäre Aufgabe der Familie, die patriarchalische Hierarchie nicht verhandelbar. Diese zentralisierte Macht fraglos zu akzeptieren, zog sich durch alle gesellschaftlichen Gruppen, von der kleinen Familie über die Großfamilie, die Dörfer, die Gemeinden, die religiösen Einrichtungen, den Staat. Die verfestigten autoritären Strukturen wurden noch verstärkt durch die prekäre wirtschaftliche Lage. Die Aufgaben der Familienmitglieder waren klar verteilt: Die Männer konzentrierten sich aufs Äußere, also auf das immer härtere Geldverdienen. Die Frauen hatten sich um das Innere, die Familie und Kinder, zu kümmern. Bis auf ein paar Ausnahmen mussten alle Mitglieder Rollen übernehmen, die kaum Spielraum für Selbstentfaltung zuließen. Doch das war nicht immer so.

Noch in den zwanziger Jahren lebten aufgrund des Kapitulationssystems, dem Recht auf doppelte Staatsbürgerschaft, Menschen unterschiedlichster Nationalitäten nebeneinander. Auf Alexandrias Straßen war neben Arabisch auch Spanisch, Italienisch und Griechisch zu hören. Auch die jüdische Gemeinde wuchs. Viele Orientreisende waren bei der Ankunft in Alexandria überrascht und nicht selten enttäuscht, schien die Stadt doch eher europäisch als orientalisch zu sein. So auch Mark Twain, der 1867 schrieb: »Alexandria glich allzu sehr einer europäischen Stadt, um neuartig zu sein, und wir wurden ihrer bald müde.«

Die beiden Weltkriege beendeten das kosmopolitische Zusammenleben mit den Europäern und vertrieben die jüdischen Einwohner. Der ungeschickte König Faruk wurde von Gamal Abdel Nasser ins Exil geschickt. In den fünfziger und sechziger Jahren führte der Staatspräsident den Nationalismus und den arabischen Sozialismus ein und vergraulte so die wohlhabenden Familien. Das Land verarmte. Vom Glanz der berühmten Weltstadt Alexandria, einst bekannt für den Leuchtturm, eines der sieben Weltwunder der Antike, die antike Bibliothek und das fruchtbare Kulturleben einer offenen Gesellschaft, blieb nicht mehr viel übrig. Die neoklassizistischen Villen wichen Betonbunkern, vor die elegante Corniche, die Uferpromenade, wurde eine mehrspurige Straße gebaut. »Alexandria war einmal schön«, diesen Satz hört man immer wieder. Vielleicht leben heute deshalb so viele Alexandriner lieber in der Vergangenheit als im Hier und Jetzt.

Über die Jahre wurde die einst so stolze, wohlhabende, internationale, kulturreiche Metropole von einer gesellschaftspolitischen Entwicklung überwältigt. Ägyptische Gastarbeiter, heimgekehrt aus Saudi-Arabien, importierten einen strengen Islam ins eigene Land. Kurze Röcke, wie man sie auf alten Fotos sehen kann, verschwanden von den Straßen. Es waren die Jugendlichen, erzählt man mir, die in den späten neunziger Jahren ihre Mütter überredeten, das Kopftuch zu tragen. Für viele Frauen war es das erste Mal in ihrem Leben. Sie zogen es an, um es fortan nicht mehr abzulegen. Mich überraschte es, dass Alexandria, die Stadt, die geografisch und kulturell Europa so nah ist, auffällig salafistisch orientiert war. Meine tief verschleierten Sprachlehrerinnen trugen in der Öffentlichkeit Handschuhe und unter ihrem Niqab zusätzlich einen Augenschleier. Sie versuchten offensichtlich, mir nicht nur den ägyptischen Dialekt beizubringen. Einer der wenigen Ausländer auf meiner Schule hatte kurz zuvor seinen Job als Bankangestellter in London aufgegeben, um in Alexandria *Fusha*, die arabische Hochsprache, zu studieren. Danach wollte er für immer nach Pakistan ziehen, mehr verriet er mir nicht. In meinen Augen war seine Radikalisierung unübersehbar. Bekannte, die ihre Kinder auf amerikanische Schulen schickten, nahmen sich Trainer für private Religionsklassen, deren Lehren mir extrem vorkamen.

Mir schien, als hätte eine grundlegende Identitätskrise vieler Alexandriner ein gefährliches Vakuum geschaffen. Die salafistischen Benimmformen bohrten sich in den Alltag und verkomplizierten jedes Unterfangen. Frauen gingen nicht ohne männliche Begleitung auf die Straße. Bekannte mussten in unterschiedlichen Autos fahren, da Unverheiratete sich keinen Wagen teilen durften. Einen Aufzug betrat ich grundsätzlich nur, wenn sich kein fremder Mann darin befand. Ich wurde immer wieder daran erinnert, Männern nicht direkt in die Augen zu schauen. Die wenigen Male, als ich ein Bier kaufte, musste ich spezielle Läden aufsuchen und die Flasche dann in Zeitungspapier einwickeln, um nicht übler Nachrede ausgesetzt zu sein. Ein Spaziergang an der Corniche ohne männliche Begleitung artete in einen Spießrutenlauf aus. Agami, einst ein vornehmer Badeort am Meer, in dem sich die Elterngeneration noch elegante Villen gebaut hatte, war heruntergekommen. Wo sich die Mütter meiner Freunde im St. Tropez Ägyptens noch zum Schwimmen und Wasserskifahren verabredet hatten, saßen wir nun in voller Montur im Schatten. Als Zeichen der Toleranz wiesen mich meine Freunde darauf hin, dass ich natürlich meinen Badeanzug anziehen könne, doch ich verzichtete.

Der einzige Ort, an den ich als Frau unbelästigt allein gehen konnte, war die Shopping-Mall, wo Jugendliche viel zu viel Zeit verbringen. Im unteren Bereich waren die Gebetsräume direkt neben den Fastfood-Ketten McDonald's und Kentucky Fried Chicken.

Zwischen den zensierten Hollywood-Filmen und dem Gebet gönnten sich die streng verschleierten Frauen den einen oder anderen Burger. Der Anspruch, ein absolut reines, gottesfürchtiges Leben zu führen und den Verlockungen der westlichen Welt zu widerstehen, führte bei vielen in einen unauflöslichen Zwiespalt. Diese innere Zerrissenheit war in der Mall ganz augenfällig: die Abscheu gegenüber der freizügigen amerikanischen Kultur und die gleichzeitige Anziehungskraft, die in heimlicher Bewunderung gipfelte. Ein religiöser Freund versuchte mir seine persönliche Entwicklung zu erläutern.

Nach den Anschlägen auf das World Trade Center am 11. September 2001 proklamierten die USA den »War on Terror«, den Krieg gegen den Terror. Erstmals wurden die damals 1,2 Milliarden Muslime auf der ganzen Welt als eine Einheit abgestempelt. Zuvor hatten die Muslime zwischen dem tansanischen Sansibar und Kasachstan kaum Überschneidungspunkte. Doch plötzlich standen sie alle unter Generalverdacht. In den Augen meines Freundes war es diese Ausgrenzung, die für ein internationales Zusammengehörigkeitsgefühl sorgte, das es so zuvor nie gegeben hatte. Das islamische Feindbild drängte ungleiche Menschen in dieselbe Ecke und schweißte Muslime unterschiedlichster Kulturen und moralischer Auffassungen zusammen. Hatten sie zuvor Probleme mit der Selbstidentifikation, so gab es nun einen Anlass, sich wenigstens in der missverstandenen Außenseiterrolle zu vereinen und hinter dem zu stehen, was medial nun so geächtet wurde.

Trotz mancher Schwierigkeiten damals habe ich Ägypten sehr vermisst und wollte unbedingt zurück. Jetzt reißen mich die Sprechchöre aus meinen Erinnerungen. In der Mitte des Platzes laufe ich an den Zelten vorbei, die für die Infrastruktur der »Bewohner des

Platzes« sorgen. So gibt es zum Beispiel ein Pressezelt und eines für medizinische Notfälle, in dem Verwundete versorgt werden. Ein Mann mit Augenbinde begegnet uns. Ich bewundere seinen Mut und dass er trotz seiner Verletzung ausharrt. Schließlich wissen wir alle nicht, was passieren wird.

Es ist jetzt acht Monate her seit dem Tod von Chalid Sa'id. Zwei Polizisten zerrten am 6. Juni 2010 den Blogger aus einem Internetcafé in Alexandria, traten ihn und schlugen seinen Kopf immer wieder gegen harte Gegenstände, bis er auf offener Straße starb. Augenzeugen trauten sich nicht einzugreifen, zu groß war die Angst, selbst Opfer roher Gewalt zu werden. Später, nachdem auf der Polizeistation sein Tod festgestellt wurde, warf man den leblosen Körper des Achtundzwanzigjährigen auf die Straße. Schädel, Nase und Zähne eingeschlagen, der Brustkorb eingedrückt.

Für die Jugend war er nicht einfach ein weiteres Opfer der Polizeiwillkür, sondern ein Märtyrer, ihr Held. Chalid Sa'id wurde zu einem Symbol des Widerstands, ganz ähnlich wie ein halbes Jahr später in Tunesien der Gemüseverkäufer Mohamed Bouazizi, der durch seine Selbstverbrennung zum Gesicht der Revolution wurde. Die Ägypter wollten die Gewaltexzesse der Polizei, gedeckt durch das ewige Notstandsgesetz, nicht mehr ungesühnt hinnehmen. Junge, eher privilegierte Akademiker organisierten sich über Social Media und sorgen für weltweite Aufmerksamkeit. Eine Rückkehr zu gewohnten Verhältnissen scheint zum jetzigen Zeitpunkt undenkbar, dann heute ist der Tahrir-Platz die internationale Werbefläche des Widerstands.

Ich halte meine Kamera auf einen Soldaten. Sofort gibt sein strenger Vorgesetzter ihm den Befehl, das Bild verschwinden zu lassen. Vom Panzer aus ruft er mir zu, ich solle das Foto sofort löschen. Ich laufe zügig Richtung U-Bahn, bemerke aber, dass mir jemand folgt. Der junge, eigentlich sehr sympathisch wirkende Soldat kämpft sich hinter mir durch die Menschenmenge und steht plötzlich vor mir und greift kurz nach meinem Arm. Wir schauen uns in die Augen, ich zwinge mich, meinen Blick nicht zu senken. Wortlos drehe ich mich um und gehe weiter die Treppe hinunter. Ich laufe immer weiter, bis ich sicher bin, dass er mir nicht gefolgt ist. Dann bleibe ich stehen und atme durch.

Am Abend treffe ich Tarek, einen alten Freund, in Zamalek, auf einer Insel im Nil. Hier leben die vornehmen Kairoer. Noch vor einem Jahr war ich hier ganz in der Nähe zu zwei Abendessen mit dem legendären Omar Sharif verabredet, bei denen er mich in einer schwierigen Lage sehr gut beraten hat. Jetzt erzählt mir Tarek, dass Mubarak die Gefängnisse geöffnet hat. Über viertausend Insassen soll die Polizei freigelassen haben. Die verrohten und unter Drogen stehenden Verbrecher würden die Stadt durchkämmen, plündern, Unheil und Chaos in die Wohngebiete bringen. So soll der Wunsch nach alter Ordnung geweckt werden. Zum Schutz vor den marodierenden Schergen bilden immer mehr Einwohner teils bewaffnete Bürgerwehren. Tarek hat Küchenmesser und Stühle aus seiner Wohnung in den oberen Etagen heruntergeholt und mit Nachbarn und Hausmeistern eine Straßenblockade gebildet. Seit zwanzig Jahren kennt er seinen Portier. Täglich sieht er ihn, doch erst jetzt hat er sich mit ihm länger unterhalten, über dessen Familie, seine Vorstellung vom Leben. Er erfährt, dass dieser nicht weiß, wie alt er ist, und dass es vielen so gehe, die vom Land kommen. Tarek scheint sich das erste Mal Gedanken über die krasse Klassentrennung zu machen und schüttelt immer wieder den Kopf – ob darüber oder auch über seine jahrzehntelange Unachtsamkeit weiß ich nicht. Es hat sich etwas verändert in den Köpfen. Der Zauber der Brüderlichkeit hat nicht nur den privilegiert aufgewachsenen Tarek erreicht.

Tatsächlich verbrüdern sich unter dem Nebel der Tränengasglocke die unterschiedlichsten Gruppierungen: Junge, Alte, Studenten, Arbeiter, Muslime und Kopten, ägyptische Christen. Tagelang harren sie gemeinsam auf dem Tahrir-Platz aus, erzählen einander ihre Träume von einem gerechteren System, von einer undefinierten, aber besseren Zukunft.

Mich beunruhigt es sehr, dass uns Augenzeugen immer wieder von Scharfschützen berichten, die auf Demonstranten schießen. Von den Dächern aus zielen sie auf Brust und Köpfe der Menschen. Viele Demonstranten erblinden durch die Gummigeschosse der Polizei. Solche Geschichten machen mir Angst und versetzen mich in Rage. Was sind das bloß für Typen, die auf Zivilisten schießen, um sie zu töten oder ihnen das Augenlicht zu rauben?

Dass ich einmal einen Volksaufstand in Ägypten miterleben würde, hätte ich mir früher nicht ausmalen können. Dabei hatte mich die reiche Geschichte Ägyptens schon von Kind an elektrisiert. Im Latein-Leistungskurs wollte ich meine Facharbeit über Alexandria schreiben, die mythische Stadt, beherrscht von Kleopatra, der letzten Königin der ägyptischen Ptolemäer.

Diese starke Frau, die im 1. Jahrhundert vor Christus über das reichste Land der Welt herrschte, war wohl so einigen Geschichtsschreibern nicht geheuer. Sie versuchten, sie zur »Kurtisane am Nil« zu degradieren. Der römische Schriftsteller Plinius der Ältere bezeichnete sie gar als »Königin Hure«. Bei mir verfingen diese Rufmordkampagnen nicht, mich beeindruckte diese Frau ungemein. Kleopatra sprach viele Sprachen und gilt als eine der gebildetsten Frauen ihrer Zeit. Selbst die mächtigsten Männer des römischen Reiches, Cäsar und Marcus Antonius, konnten und wollten sich ihr nicht entziehen. Nach der verlorenen Schlacht bei Actium im Jahr 31 vor Christus nahm sie, die letzte Pharaonin, selbstbestimmt ihr Schicksal in die Hand. Um nicht als Kriegsbeute auf römischen Straßen vorgeführt zu werden, beging sie Selbstmord. Sie soll eine Gift-schlange an ihren Busen gelegt haben und am Biss der Kobra, des heiligen Tiers der Göttin Isis, gestorben sein.

Eine Frau an der Spitze des Staates im heutigen Ägypten? Undenkbar. Was ist von ihr geblieben? Ihr Palast? Angeblich sind Ruinen der ptolemäischen Tempel, die bis heute im Hafenwasser vor Alexandria liegen, Kleopatras Palast zuzuschreiben. Nach aufwendigen Bergungen hat man sich nun doch dazu entschlossen den Rest des antiken Alexandrias unter Wasser zu lassen. Archäologen streiten nicht ab, dass die einzigartigen, jahrtausendealten Tempel und Paläste im trüben Hafenwasser besser aufgehoben waren und sind. Denn an Land ist in Alexandria durch die Bauwut und Geschichtsverdrossenheit der Entscheidungsträger vieles unwiederbringlich verloren. Wirklich verstehen konnte ich nie, weshalb man sich dieses Erbes nicht verantwortungsvoller annimmt. Das fast aggressive Desinteresse an der eigenen Geschichte bleibt mir ein Rätsel. Auch die letzten wunderschönen Villen werden missachtet, verfaulen und sind zum großen Teil dem Verfall überlassen. Ein Gebäude allerdings steht für eine offene und gute Zukunft: die Bibliothek von Alexandria.

Hier hatte ich Jahre zuvor, nach schwierigen Monaten, endlich diese Oase des Friedens gefunden, ein Refugium, in dem ich lernen und studieren konnte: das Forschungsinstitut der Bibliothek. Das Fach »Der Aufbau einer Friedenskultur« wurde von der progressiven argentinischen Professorin Alicia Cabezudo geleitet. Unermüdlich ermutigte sie uns Schüler, sich demokratisch zu engagieren und für unsere zivilen Rechte einzutreten.

Bis heute erscheint es mir immer noch wie ein Wunder, dass

ausgerechnet Suzanne Mubarak, die Gattin des Präsidenten Husni Mubarak, die Schirmherrschaft übernommen hatte. Im Klassenzimmer wurde kein Blatt vor den Mund genommen. Im Gegenteil, Professorin Cabezudo motivierte die Studierenden regelrecht, sich zu empören. Als Aktivistin gegen die damalige argentinische Militärjunta predigte sie keine Gratismoral. Aus eigener Erfahrung wusste sie, was Zivilcourage kosten kann. Voller Inbrunst bläute sie uns ein, dass Demokratie nicht statisch sei, man sie sich immer wieder erkämpfen müsse. So kostbar sei sie, dass man sie mit Argusaugen bewachen müsse. In den geschützten Räumen ergab all das Sinn. Doch hätte auch nur ein Student es gewagt, das Gelernte auf der Straße in die Tat umzusetzen, wir hätten ihn wohl nicht mehr so schnell zu Gesicht bekommen. In der Bibliothek allerdings herrschte Gedankenfreiheit. Ihr Direktor, Ismail Serageldin, erklärte uns, dass er auch Bücher aufnehme, die mehr als kontrovers, ja skandalös für manche Teile der ägyptischen Bevölkerung seien. Er sprach von den *Satanischen Versen* von Salman Rushdie. Eine Gesellschaft müsse so etwas aushalten können, war seine Auffassung. In den Nachwehen der Revolution sollten sowohl Ismail Serageldin als auch Suzanne Mubarak kurzfristig verhaftet werden.

Doch zu jener Zeit gab mir der intellektuelle Austausch mit meinen Kommilitonen Zuversicht. In den Monaten zuvor war ich sehr isoliert gewesen und hatte begonnen, mich einsam zu fühlen. In dem Institut traf ich intelligente und neugierige Studenten, deren Ansichten mich inspirierten. Wir diskutierten über verschiedene kulturelle Traditionen, damit verbundene Auslegungen des Korans, kulturelle Fehlinterpretationen und studierten intensiv die Schriften des Gründungsvaters der Friedens- und Konfliktforschung, Johan Galtung.

Auf meinem Nachhauseweg überquerte ich regelmäßig den Markt. Zwischen den Käfigen mit Enten hoppelten kleine Hasen frei durch das chaotische Gewühl. An Eisenstangen hingen große, aufgeschlagene Kuhköpfe mit herausgestreckter Zunge. Ich kaufte Hühner, die dann geschlachtet, in einen großen Topf mit heißem Wasser getaucht und gerupft wurden. Der Hausmeister des Hochhauses, in dem wir wohnten, half mir stets, meine Einkäufe nach oben zu bringen. Er war bettelarm und hauste mit seiner Familie in einem Verschlag. In der Hauswand im Erdgeschoss klaffte ein mannshohes Loch, das als Eingang diente. Eine nackte Glühbirne erhellte den Lehmboden. Im hinteren Bereich befand sich ein kleiner Raum mit Decken. Es waren immer die Ärmsten, die kein Geld annehmen wollten. Es waren die Ärmsten, die am großzügigsten waren.

Vom Händler vor dem Hochhaus kaufte ich Obst, Gemüse und Kräuter. Auch er wollte nie Geld von mir annehmen und meinte, dass mein Mann irgendwann meine Schulden begleichen werde. Der fangfrische Fisch und all die anderen Zutaten direkt vom Feld waren Ansporn für mich, meine Kochkünste nach und nach zu verbessern. Die landestypische Molokheya, eine grüne Suppe aus den Blättern aromatischer Malvenpflanzen, ist bis heute der ultimative Eisbrecher bei jedem Essen mit arabischen Gästen.

Einmal die Woche kam eine Putzhilfe zu uns, eine besonders nette Frau aus ärmlichen Verhältnissen. Ein paar verlorene Zähne und das graue Haar ließen sie um mindestens zehn Jahre älter aussehen, als sie war. Gleich zu Anfang bat ich sie, mir wöchentlich selbstgebackenes Brot aus ihrem Dorf außerhalb der Stadt mitzubringen. Über die Monate änderten sich Geschmack und Konsistenz des Brotes. Als ich sie darauf ansprach, gestand sie mir, dass die Leute so arm seien, dass sie das Mehl für den Teig mit Sand mischen mussten. Sie schämte sich für ihre Armut. Die, die am wenigsten hatten, wurden von den steigenden Preisen besonders hart gegeißelt.

Soldat vor dem Informationsministerium

Was hat sich in der Zwischenzeit geändert? Jetzt, ein Jahr später, verlasse ich die Wohnung eines Freundes in Zamalek und gehe abends wieder auf den Tahrir-Platz, mit der üblichen Gruppe und diesmal auch mit Tarek. Frauen haben zu dieser Tageszeit eigentlich nichts hier zu suchen, doch ich fühle mich recht sicher. Einige Demonstranten wirken müde, seit über zwei Wochen harren sie nun schon aus. Alle – laut Medienberichten sind es eine Million – sind gekommen, um die Rede Husni Mubaraks zu hören. Werden es die letzten Worte des Pharaos sein, bevor er das Feld räumt? Andeutungen vom Militär, dass die Forderungen berechtigt seien, lassen auf den Rücktritt des Despoten hoffen. Fast drei Jahrzehnte ist er bereits an der Macht. Die meisten Leute auf dem Platz und im ganzen Land sind unter seiner Herrschaft aufgewachsen. Auch ich kenne kein Ägypten ohne Mubarak. Wird sich das heute ändern?

Die Menschen machen sich gegenseitig Mut. Eine Anlage mit Bildschirm ist auf dem Platz installiert worden, die sämtliche Reden live überträgt. Die dunkle ruhige Stimme Mubaraks ertönt. Nach kurzer Zeit werden die Jugendlichen ungeduldig. Wann kommt er endlich zum Punkt? Hinter mir beginnen sie jeden Satz zu kommentieren. »Pssscchhhhht«, raunt es über den Platz. Ruhe! Tarek übersetzt für mich. Mubarak erklärt, dass er den seit Jahrzehnten anhaltenden Ausnahmezustand aufheben werde. Der nationale Dialog habe begonnen, und es sei nicht umsonst Blut vergossen worden. Für September kündigt er faire Neuwahlen an. Ein Junge neben mir versucht, in jedem Wort ein Anzeichen für die langersehnte Nachricht zu erkennen. Doch die Vorfreude in seinem Gesicht weicht tiefer Enttäuschung. Nach einigen Minuten wird der Menge klar, dass sie hingehalten wird. Mubarak klammert sich an die Macht. Einige Jungs neben mir reagieren gar nicht, andere sind frustriert, schimpfen lauthals. Dann macht sich der Unmut immer lauter bemerkbar, bis er in einem gewaltigen Chor voller Zorn gipfelt: »Irhal! Irhal!« Hau ab! Hau ab! Immer mehr ziehen einen ihrer Schuhe aus und strecken ihn in die Höhe als Zeichen der Verachtung. Eine Beleidigung. Die Menge ist frustriert und wütend, schimpft und schreit. Andere versuchen, sich Mut zuzusprechen.

Mit Tarek schlendere ich in das liberale Zamalek. Die Menschen auf den Straßen verhalten sich wie nach einem verlorenen WM-Spiel. Als ich später mit Freunden in eine Bar gehe, zeigt einer von unserer Gruppe auf einen jungen Mann. Er hält einen Drink in der Hand, ist elegant gekleidet, scheint beliebt zu sein. Erst als er sich zu uns dreht und sich vorstellt, sehe ich sein ganzes Gesicht. Er trägt eine Augenbinde. Ihn hat es erwischt. Ein Gummigeschoss hat ihm für immer ein Auge geraubt. Die Besucher der Bar klopfen ihm auf die Schultern und sprechen ihm Mut zu. Er winkt ab, als mache es ihm nichts aus. Müde gehe ich in die Wohnung, die mir ein Freund, der außer Landes ist, überlassen hat. Ich übertrage die Filme und Fotos des Tages auf meinen Laptop und schreibe ein Erlebnisprotokoll. Dann denke ich an lange Gespräche mit ägyptischen Freunden, die im Ausland gelebt haben.

Der Groll der Ägypter, den Mubarak nicht mehr lange wird eindämmen können, scheint sich aus der Tiefe eines gekränkten Selbstverständnisses zu speisen. Suchte das Land seit dem Zusammenbruch des Osmanischen Reichs nach seinem politischen Selbstbild? Nasser füllte das Identitätsvakuum mit antikolonialer Einstellung und strikter Ablehnung westlicher Fremdherrschaft. Er beförderte die Idee von einem starken und loyalen Arabien, in dem Palästina eine große Rolle zugedacht war. Die panarabische Identität nährte das ägyptische Selbstbewusstsein. Dieses populäre Narrativ wurde trotz der ihm widersprechenden Realpolitik über Jahrzehnte aufrechterhalten. Doch die viel zitierte arabische Brüderlichkeit geriet auch Ende 2008, Anfang 2009 durch die »Operation Gegossenes Blei« in Schieflage.

Nach Raketenbeschuss der Hamas aus Gaza auf Israel flogen israelische Kampfflugzeuge die massivsten Vergeltungsschläge nach dem Sechstagekrieg 1967. Einige Medien sprachen von Krieg. Weltweit protestierten Palästinenser gegen die Luftschläge, doch die arabischen Bruderstaaten reagierten nicht.

Auffällig war vor allem das Schweigen Ägyptens, das direkt an den Gazastreifen grenzt. Das nach außen hin propalästinensische Land hielt sich mit Kritik an Israel zurück. Präsident Husni Mubarak negierte später den Wunsch der Bevölkerung, die Grenzen zu Gaza zu öffnen. In jenen Tagen sahen die Ägypter das große panarabische Versprechen wie ein Kartenhaus zusammenfallen. Spätestens jetzt wurde jedem von ihnen bewusst, dass es sich um bloße Lippenbekenntnisse gehandelt hatte. Dieses einschneidende Erlebnis dürfte für viele eine Art Zäsur bedeutet haben. Ihre Ohnmachtsgefühle schlugen in Wut um, die sich in vereinzelten Protestbewegungen entlud. Mit wem auch immer ich in Alexandria sprach, wo ich mich zu der Zeit aufhielt, die Menschen waren außer sich. Aber jedes Aufbegehren wurde sofort im Keim erstickt und jede noch so kleine Kundgebung brutal niedergeschlagen, unter dem Vorwand, es handele sich dabei um terroristische Vereinigungen. Die Protestierenden verschwanden in den berüchtigten Foltergefängnissen.

Aber nicht nur politisch engagierte Menschen wurden drangsaliert. Die Polizei mit ihrem auch für ägyptische Verhältnisse sehr niedrigen Gehalt war durch und durch korrupt. Hinzu kam, dass der 1981 verhängte Ausnahmezustand regelmäßig vom Parlament verlängert und unter dessen Deckmantel der Einsatz von Gewalt kaum geahndet wurde. Die Sicherheitskräfte genossen Immunität und nutzten diesen Freifahrtschein schamlos aus. Immer wieder hielten Polizisten Busse an und schikanierten die übermüdeten, einfachen Arbeiter. Demütigungen waren an der Tagesordnung. Für Entrüstung sorgte ein Video, auf dem zu sehen ist, wie ein Busfahrer, Emad al-Kabir, der sich weigerte, Bestechungsgeld zu zahlen, im Januar 2006 auf einer Polizeistation mit einem Besenstiel vergewaltigt wird. Willkürliche Folter war eine Art Zeitvertreib auf den Revieren. Die Videoaufnahmen wurden weitergeleitet, um zu zeigen, wie der Wille des Einundzwanzigjährigen gebrochen wurde. Sie sollten als Abschreckung dienen. Als der Busfahrer seine Leidensgeschichte

Demonstranten erobern einen Panzer

öffentlich machte, wurde er wegen »Widerstand gegen die Staatsgewalt« zu drei Monaten Gefängnis verurteilt.

Immer wieder wurde ich Zeugin davon, wie Ägypter im eigenen Land wie Menschen zweiter Klasse behandelt wurden. Am Flughafen beispielsweise winkte man uns Ausländer oft einfach durch, wohingegen die Warteschlangen der einheimischen Reisenden beständig wuchsen, weil sie sich irgendwelche Schikanen gefallen lassen mussten. Die Kombination aus Erniedrigung, wirtschaftlicher Notlage und unklarer Selbstidentität konnte, so schien es mir, nicht mehr lange unter dem Deckel gehalten werden, irgendwann musste der Dampfkessel explodieren, zumal es nirgendwo einen Ort gab, wo die Leute ihrem Ärger Raum geben, wo sie Luft ablassen konnten.

Ist der Zeitpunkt nun gekommen? Am 11. Februar 2011, dem Tag, der Ägypten verändern wird, springe ich aufgeregt aus dem Bett. Ein Taxi, ein kleiner heruntergekommener Lada, setzt mich in der Nähe des Tahrir-Platzes ab. Ich laufe zum Informationsgebäude, das von Stacheldrahtzäunen umgeben ist und von Soldaten streng geschützt wird. Dort treffe ich die anderen. Einige Demonstranten klettern auf die dünnen Bäume am Nil und heizen der Menge von oben ein. Nirgendwo sehe ich andere Ausländer oder Journalisten. Ein junger Mann erzählt aufgebracht, dass die Polizei Gummigeschosse auf ihn abgefeuert hätte. Er zeigt kleine, dunkle Wunden an Hals und Rücken. Vor den Zäunen klettern Demonstranten auf einen Panzer, kurz darauf auch auf den zweiten. Sie schwenken die Landesfahne und skandieren Parolen. »Mubarak, hau ab!« »Freiheit!« Offensichtlich haben die Soldaten keinen Schießbefehl erhalten. Sie, die nichts anderes als Respekt und Gehorsam gewohnt sind, versuchen die Zivilisten zu überreden, von den Panzern zu steigen. In einem so obrigkeitshörigen Land ist dies ein einmaliger, unerhörter Vorgang. Ich kann kaum glauben, was ich da sehe. Die Soldaten wirken geradezu hilflos. Was aber, wenn nun doch der Befehl erteilt wird? Während ich über dieses Szenario nachdenke und überlege, wo ich in Deckung gehen könnte, passiert es. Das, womit niemand gerechnet hat. Erst sind es vage Gerüchte. Vielleicht Falschmeldungen? Ungläubig verbreiten die Demonstranten die Nachricht, erst zaghaft, argwöhnisch. Wir laufen zum Tahrir-Platz. Überall wird gemurmelt, ob das wirklich möglich sei. Doch wenige Minuten später ist es Gewissheit: Mubarak ist zurückgetreten.

Die Breaking News schießen durch die Straßen und sozialen Netzwerke. Von allen Seiten strömen die Menschen auf den Platz. In einer knappen Erklärung verkündet Vizepräsident Omar Suleiman, dass der Herrscher sein Amt vollständig aufgibt. Mubarak sei samt seiner Familie schon nach Scharm El-Scheich ausgeflogen. Der bekannteste Blogger Ägyptens, Wael Ghonim, twittert: »Revolution 2.0: Mission Accomplished.«

Was dann passiert, ist schwer zu beschreiben. Die Siegesnachricht bricht wie ein Tsunami über Kairo herein, durchflutet die Gassen der Millionenstadt, schwappt bis hinein in das kleinste Kabuff. Die Revolutionsideologie versprüht ihre Energie, die vom einen auf den anderen überspringt. Eine Kettenreaktion. Im kollektiven Fieberrausch löst sich der Einzelne auf und verschmilzt zu einem großen Ganzen in dieser euphorischen Welle, von der auch wir weggetragen werden.

Das Beben der Revolution erschüttert den Platz. Die Menge schreit sich die Lunge aus dem Hals. »Horreya, Horreya, Horreya!« Freiheit, Freiheit, Freiheit!

Streng religiöse Frauen mit Gesichtsschleier schwenken Fahnen und singen Lieder von der Befreiung. Einfache Arbeiter, in traditioneller Galabija gekleidet, tanzen, spielen Flöte und beglückwün-

Auf dem Tahrir-Platz

schen sich. Ich sehe, wie Soldaten von den Panzern springen, wie sie Revolutionäre in die Arme schließen und herzen. Jugendliche zünden Feuerwerke an. Einzelne Gruppen tragen tänzelnd riesige Flaggen vor sich her. Kleinkinder, die auf den Schultern der Eltern Teil der Masse werden, winken mir zu. Jede verfügbare Oberfläche wird zur Trommel. Ein Motorradfahrer versucht übermütig, das Vorderrad in die Luft zu hieven. Gruppierungen mit unterschiedlichsten Interessen verbrüdern und vereinen sich im Zauber des Neubeginns. Dies alles ist zwar ohne Ziel, aber seiner Sogwirkung kann sich niemand entziehen. So überqueren wir unter ohrenbetäubendem Jubel fast fremdbestimmt den Tahrir-Platz und schwärmen durch die Stadt. Es ist eine absolute Ausnahmesituation, die wir mit Millionen gemeinsam erleben.

»Horreya, Horreya, Horreya!« Ich fotografiere und filme ohne Pause. Der letzte »Pharao« ist heute vom Thron gestiegen! Ich kann es kaum fassen. Bevor ich mich nach Stunden des kollektiven Rauschs auf den Nachhauseweg nach Zamalek begebe, gehe ich noch einmal ins Hotel mit Ausblick auf den Platz. Ich will mich versichern, dass das alles kein Traum ist. Von oben sehe ich unzählige kleine Lichter, die sich durch die Nacht bewegen. Kairo, die Mutter aller Städte, ist hellwach, singt und feiert. Freiheit. Freiheit. Freiheit. In diesem historischen Moment sind heute alle in Euphorie vereint. Morgen wird nichts mehr so sein wie zuvor. Diese Nacht hat Geschichte geschrieben.

Dieser Tag in der Wüste hat alles verändert

Libyen, 14. März 2011

Im Flimmern der Wüste tauchen drei Pick-ups am Horizont auf. Je näher sie kommen, desto deutlicher sehe ich die Gewehrläufe in die Luft ragen, auf dem mittleren Wagen steht ein Vermummter. Wenn das Gaddafis Leute sind, sind wir geliefert. Sie werden auf uns schießen, sobald sie die Fahne in unserem Fenster sehen. Rot-Schwarz-Grün-Weiß, die Farben der Rebellen, ihrer Feinde.

Die Chancen stehen fifty-fifty. Wir befinden uns auf einem Schleichweg nach Brega. Die vermutlich befreite Stadt spielt in diesem Krieg zwischen dem Diktator Muammar al-Gaddafi und den Rebellen eine wichtige strategische Rolle. Hier, in der Hafenstadt, münden die Ölpipelines aus dem Landesinneren.

Immer wieder blinken die drei Wagen mit den Scheinwerfern auf. Dann werden sie langsamer und bleiben vor uns stehen. Es sind Rebellen. Männer mit Maschinengewehren steigen aus. Auch wir verlassen unser Auto. Abdul Latif ist so sympathisch, dass er alle Menschen in Windeseile in seinen Bann zieht. Die Rebellen schauen auf mich und meine Kamera, lächeln und strecken mir mit Zeige- und Mittelfinger das Victory-Zeichen entgegen. Die Anspannung fällt von mir ab. Ich filme die jungen Männer, wie sie angeregt mit unserer kleinen Gruppe plaudern. Hinter uns kommen zwei Autos angefahren. Es sind Familien, die uns beim Überholen lachend ebenfalls das Victory-Zeichen zeigen. Ich schaue ihnen nach, mache Fotos. Kurze Zeit später steigen wir wieder in den Wagen und fahren weiter in dieselbe Richtung.

Rebellenautos

Weit und breit nichts als Sand und Steine. Wüsten machen mir Angst, schon immer. Es ist die Furcht, im Nirgendwo zu verdursten. Deshalb nehme ich mir bei solchen Exkursionen, auch wenn sie nur einige Stunden dauern, viele Wasserflaschen mit, auch diesmal. Ich frage mich, was passieren würde, wenn wir mitten in der Wüste eine Panne hätten. Würde uns jemand in diesem Sandmeer finden? Nicht ahnend, dass wir ein paar Stunden später ebendiese Strecke unter Lebensgefahr zu Fuß bewältigen müssen. Während der Fahrt bin ich kurz eingenickt. Als ich wieder aufwache, höre ich Abdul Latif sagen, dass er keine Telefonverbindung mehr hat. Ich schaue aus dem Fenster. Der Wind treibt Sandböen durch die Wüste. Dann fällt auch mir auf, dass meine Handyverbindung gekappt ist. Jetzt geht alles recht schnell.

Ich sehe sechs ausgebrannte Autos, steige aus, filme die Aschehäufchen auf den ausgebrannten Fahrersitzen. Dann erst wird mir klar, dass einige der Wagen zu den Familien gehören müssen, die uns eben noch freudig zugewinkt hatten. Ich kann es nicht fassen. Von diesen fröhlichen Menschen soll innerhalb so kurzer Zeit nur Asche übrig geblieben sein?

Doch ich kann den Gedanken nicht zu Ende denken. Ich drehe mich um, laufe auf die Straße, höre die Rakete an mir vorbeizischen. Ein Knall. Wo ist unser Auto? Ich kann es nicht finden, sehe nur einen riesigen Feuerball. Hastig suche ich Schutz hinter einem Wrack.

Plötzlich kracht es. Was ist das? Granaten schlagen neben mir ein. »Julia, go!«, ruft Youssef. Wo ist unser Auto? Ich renne los, mit erhobenen Armen, drehe mich immer wieder um. ›Wo kam das her? Ich habe nichts gesehen.‹ Immer wieder stelle ich mir die gleiche Frage. Einschuss nach Einschuss. Vor mir, neben mir und hinter mir kracht es. Dann springe ich in Deckung. Jetzt liege ich hier hinter der Düne.

Wieder ein Knall. Noch einer, noch einer und noch einer. Vor

Ausgebranntes Auto

uns schlagen Granaten in den Boden. Ich weiß nicht, ob Jürgen noch lebt. Über die Düne hebe ich die Kamera und drücke auf den Auslöser. Auf den Fotos sehe ich, dass er gerade in unsere Richtung läuft.

»Abdul mout.« Abdul tot, sagt Youssef. Bitte nicht. Bitte lass das nicht wahr sein. Ich ertrage diesen Gedanken nicht. Die Explosionen kommen immer näher, hinterlassen Rauchsäulen, die in den Himmel steigen. Ich ordne meine Gedanken. Abdul Latif war zum Auto zurückgegangen, sagt Youssef. Wenn er tot ist, muss die Rakete, die an mir vorbeigezischt ist ... Der Feuerball ist unser Wagen! Erst

Unser Auto wurde von einer Rakete getroffen

jetzt verstehe ich, was passiert ist. Mir wird klar, dass das kein Verse-
hen war. Es war ein gezielter Anschlag.

Sofort schalte ich meine Kamera aus, da ich nicht weiß, ob sie
Signale sendet. Mittlerweile liegen wir zu dritt hinter der Düne und
diskutieren, was wir nun tun sollen. Nur die Granateinschläge lassen
uns verstummen. Was, wenn Gaddafis Leute uns entdecken und auf
meiner Kamera sehen, dass wir mit Rebellen geredet haben? Solan-

ge kein Flugzeug kommt, haben wir eine Chance. Kurz darauf höre ich ein Brummen in der Luft. Ein Flugzeug nähert sich. Ich weiß, dass sie uns von oben sehen können. Das war es jetzt, das sind meine letzten Sekunden, bevor sie mich erschießen. Ich drücke mein Gesicht in den Sand, will nicht hochsehen, wenn es passiert. Denke an meine Familie, die mich suchen, aber nicht finden wird. Warte auf das, was als Nächstes geschieht. Die Zeit bleibt stehen. Dann wird das Geräusch leiser und leiser. Bis es nicht mehr zu hören ist. Ich rede über den Film *Wem die Stunde schlägt*, plötzlich ein Zischen. Eine Rakete schlägt ganz in der Nähe in den Boden. Die Detonation erschüttert meinen Körper. Verschwindet nicht mehr, ich zittere immer weiter.

Irgendwann, nach ewig langen Stunden, werden die Einschläge seltener. Wir müssen uns entscheiden. Wissen, dass ein Tross von Gaddafis Leuten nach Bengasi will. Sie haben Raketenwerfer und Panzer. Wenn wir uns zu Fuß auf den Weg machen, werden sie uns einholen und wahrscheinlich töten. Youssef deutet immer wieder auf seine Sonnenbrille und will uns damit klarmachen, dass Nachtsichtgeräte benutzt werden. Auch hier in der Wüste, wo es kein Versteck gibt, werden sie uns finden. Und wenn nicht: Es dämmert schon, die Nächte sind kalt, wir haben kein Wasser. Hier kommen wir nicht mehr lebend raus.

Wir entschließen uns, es dennoch zu versuchen. Ich bitte Youssef, seine dunklen Socken über die weithin sichtbaren weißen Turnschuhe zu ziehen. Weil die Wüste vermint ist, wollen wir großen Abstand voneinander halten. Mit Hilfe von Steinen zeige ich Youssef, wie wir laufen werden. Falls es einen erwischt, reißt er nicht alle mit in den Tod. Ich wage es kaum aufzustehen. Habe Angst, dass wir von hinten erschossen werden. Wir umarmen uns und wünschen uns viel Glück. Als wir aufbrechen, jeder für sich mit großem seitlichem Abstand, drehe ich mich noch einmal um. In weiter Entfernung sehe ich riesige Feuer lodern. Jemand muss die Ölraffinerien angezündet haben. Ein apokalyptischer Anblick in einem nicht enden wollenden Albtraum. Vorsichtig setze ich einen Schritt vor den anderen, bald ist es stockdunkel. Hinter uns hören wir Explosionen. Immer wieder zucke ich zusammen, fürchte, dass mich die nächste treffen wird. Niemand weiß, wo wir sind, niemand wird uns wiederfinden, wird je wissen, was passiert ist. Fahle Lichter und Leuchtraketen der fernen Stadt Adschdabija weisen uns den Weg. Mein Mund ist ausgetrocknet, die Lippen sind aufgesprungen. Ich denke an Abdul Latif, der mir im Auto erklärt hatte, dass Beduinen den Kern einer Dattel im Mund behielten, um nicht Durst zu leiden. Ich hebe einen Stein vom Boden auf und lege ihn mir auf die Zunge.

Nach einiger Zeit haben sich meine Begleiter wieder seitlich angenähert. Wir brauchen Hilfe und müssen jemanden anrufen. Mein Handy und das von Jürgen waren im Auto. Youssef probiert sein Handy wieder anzuschalten, doch sein Akku ist leer. Er klagt über Kälte, läuft immer schneller. Wir müssen zusammenbleiben. Ich überlasse ihm meinen Schal und hake mich bei ihm unter. Als wir eine sandige Straße erreichen, sehe ich eine Plastikplane am Boden. Ich hebe sie auf und wickle sie wie eine Decke um mich, damit ich weniger zittere. Weit hinter uns fallen wieder Granaten. Zwei Leuchtkörper sind noch länger sichtbar. Am Himmel tauchen immer wieder rote Punkte auf, die kurz darauf verglühen. Jetzt schalte ich meine Kamera wieder ein und will wissen, ob ich sie auch filmen kann. Ja. Es ist keine Einbildung. Was zum Teufel ist das? Die Situation ist ziemlich ausweglos. Doch dann sehen wir in der Ferne ein kleines Feuer.»Das ist ein Zelt«, sagt Youssef. Wenn es Rebellen sind, werden sie auf uns schießen, weil wir aus feindlicher Richtung kommen, von Gaddafis Seite. Youssef rennt im Zickzack zum Zelt und ruft uns kurz darauf zu sich. Ein Junge, vielleicht fünfzehn Jahre alt, sitzt neben einem Feuerchen. Er sei Hirte aus dem Tschad, sagt er uns. Aus seiner Blechtasse lässt er uns Wasser trinken. Ein Telefon hat er nicht bei sich. Wir sind aufgewühlt, bitten ihn um Hilfe. Dass es hier um Leben und Tod geht, scheint ihn nicht besonders zu beeindrucken. Er erzählt von einem Dorf in der Nähe. Wir flehen ihn an, uns dorthin zu führen. Widerwillig kommt er mit. Während ich ihm folge, meine ich, das Geräusch eines Flugzeuges zu hören. Ich sacke in mich zusammen, kauere auf dem Boden. Bis mir klar wird, dass ich mich vor einem Stromkabel über meinem Kopf erschreckt habe.

Mitten auf dem Weg kehrt der Junge um. Weder Geld noch gute Worte können ihn dazu bringen, uns weiter zu begleiten. Zu dritt nähern wir uns dem Dorf, es wirkt wie ausgestorben. Weil ich hoffe, dass niemand auf eine Frau schießen wird, rufe ich in die Stille. Ist jemand da? Keine Reaktion. Nichts möchte ich mehr, als mich in einem der Häuser aufwärmen, trinken, schlafen. Doch ich weiß, dass Gaddafis Truppen auf dem Vormarsch sind, dass die Menschen deshalb schon das Dorf verlassen haben und wir weitermüssen nach Adschdabija.

Unsere Kräfte lassen nach, und wir kommen kaum vom Fleck. Es ist, als gingen wir in Zeitlupe. Vor mir sehe ich einen Lichtschimmer. Sicher bilde ich mir das nur ein. Dann wieder. Es ist keine Illusion, sondern das Licht eines Autos, das kurz aufscheint. Keine Ahnung, was sie mit uns anstellen werden. Aber sie sind unsere einzige Chance, Gaddafis Truppen zu entkommen. Diese Situation ist sehr gefährlich. Sie könnten jederzeit das Feuer auf uns eröffnen.

Als das Auto uns passiert, ruft Youssef den Insassen etwas zu. Es fährt vorbei, kommt etwa hundert Meter später zum Stehen. Die Leute im Auto schreien Youssef an. »Ich bin Deutsche. Ich komme in Frieden. Wir haben ein Problem«, sage ich in gebrochenem Arabisch, während ich den Sandhügel zur Straße hinaufklettere. Keine Antwort. Kaum zu ertragen. Es ist, als seien sie sich noch nicht schlüssig, was sie mit uns anfangen sollen. Werden sie losballern? Weil wir aus feindlicher Richtung kommen? Weil Youssef eine dunkle Haut hat wie viele Gastarbeiter, die für Gaddafi gearbeitet haben und deshalb für die Rebellen als Verbündete des Feindes gelten? Sie sprechen sich ab. Dann können wir einsteigen. Sie nehmen uns mit, zurück nach Adschdabija. Das Auto ist übervoll. Ich dränge mich auf den Beifahrersitz, Youssef und Jürgen quetschen sich auf die Rückbank. Die Stimmung ist aufgeheizt, ich denke mir gleich, dass die Männer auf Drogen sind. Der Fahrer prescht ohne Licht und mit Vollgas los. Wenn er weiter so auf das Stadttor zuhält, werden sie dort das Feuer eröffnen. Friendly Fire. Der Fahrer sagt etwas zu seinen Männern. Ich schnappe das Wort »Ehefrau« auf, und mir ist alles klar. Er sieht mich als Kriegsbeute, ich soll ihm gehören. Wenn er meine Begleiter losgeworden ist, wird er mich mitnehmen und mit mir tun, was er will. Ich sage Jürgen, was ich gehört habe. Der versucht, mit den Männern auf der Rückbank Freundschaft zu schließen, um im Zweifel Verbündete zu haben.

In einem irren Tempo rast der Fahrer auf das Stadttor zu und bremst dann abrupt. Die Sicherheitsleute schreien ihn an, wollen ihn nicht passieren lassen. Ich suche Blickkontakt mit einem der Wachmänner, frage ihn auf Arabisch, ob es ein Problem gibt. Ich fixiere seinen Blick, möchte ihm zu verstehen geben, dass ich diejenige bin, die ein Problem hat. Er reicht uns Wasser durchs Fenster. Die Männer im Auto sind unberechenbar, die Situation kurz vor dem Eskalieren.

Sie steigen kurz aus. Schreien rum, setzen sich wieder ins Auto. Plötzlich gibt unser Fahrer Gas und rast durch das Tor. Die Wachmänner springen in einen Wagen, verfolgen uns. Nachdem sie uns von der Straße abgedrängt haben, steigen sie aus, auch der Mann, mit dem ich Blickkontakt hatte. Unser Fahrer wuchtet sich samt Kalaschnikow aus seinem Sitz. Draußen schreien alle durcheinander, stellen sich im Halbkreis auf. Dann: Schweigen. Einer der Wachmänner zückt seine Waffe, zielt auf die Stirn unseres Fahrers und drückt ab. Die Kugel fegt wenige Zentimeter über dessen Kopf hinweg. Schlagartig ist er nüchtern.

Nun bringt uns der verstummte Fahrer ins Militärzentrum von Adschdabija. Wir berichten von dem Hinterhalt, in den wir geraten sind. Von dem Anschlag hat hier niemand etwas mitbekommen. Mittlerweile ist es zwei Uhr. Der Rebellengeneral bietet uns Quartier für die Nacht an. Ich bin am Ende meiner Kräfte, aber ich will diesen Ort verlassen und bestehe darauf, dass uns jemand ins hundertfünfzig Kilometer entfernte Bengasi fährt. Noch immer habe ich das Gefühl, der Tod wird uns auch hier einholen. Während ich das Gebäude verlasse, verfolgt mich der Gedanke, unser Fahrer könnte mich nun aus dem Dunkeln heraus erschießen. Sein Stolz wurde in aller Öffentlichkeit gekränkt. Ich realisiere, dass ich zum Spielball geworden bin. Hier bin ich nicht Julia Leeb, hier bin ich eine Frau, die man sich einfach nimmt, bin eine Journalistin, die man ausschaltet, damit nichts an die Öffentlichkeit gelangt. Meine Nerven sind bis zum Zerreißen angespannt. Überall sehe ich den Tod, er folgt mir, lässt sich nicht abschütteln.

An den Toren von Bengasi empfängt uns der General, der das Kommando der Stadt übernommen hat. Er bringt uns ins Hotel. Mitten in der Nacht schreibe ich ein Gedächtnisprotokoll über den erlebten Tag, wie ich es immer tue. Abdul Latif. Ich finde keine Ruhe, nicke kurz ein, um gleich wieder hochzuschrecken. Es ist die Nacht, in der ich meinen Schlaf verliere.

Am nächsten Morgen beruft Jürgen eine Pressekonferenz ein, um von dem Anschlag zu berichten. Man erzählt mir, dass der Ort, wo der Anschlag stattgefunden hat,»Tal der Flammen« genannt wird. Alles erscheint mir so surreal. Unser Hotel beherbergt Berichterstatter aus der ganzen Welt. Bis auf ein Gespräch mit einer amerikanischen Journalistin namens Clare, die auch nach Brega fahren möchte, spreche ich mit keinen Journalisten.

Weil das Internet von der Regierung abgeschaltet wurde, lässt mich eine BBC-Journalistin ihren Satellitenzugang benutzen. Während ich in ihrem Zimmer sitze, telefoniert sie mit ihrer Redaktion. Sie hätte da eine gute Geschichte, sagt sie. Gaddafi habe Zivilisten umgebracht. Auf Nachfrage bestätigt sie, dass die Westler überlebt haben. Daraufhin verliert der Redakteur das Interesse. Der Tod des Libyers ist nicht so spannend wie der von westlichen Journalisten. Ich fühle mich zu leer, um ihr etwas zu entgegnen. Ich will nur noch weg aus Libyen. Vielleicht sind sogar Agenten des Regimes auf unserer Fährte. Denn wir sind als westliche Journalisten Zeugen des Mordes an Zivilisten geworden. Grund genug, unsere Ausreise verhindern zu wollen.

Bevor wir uns zur Grenze begeben, machen wir in einem Krankenhaus Halt. Ein Verletzter nach dem anderen wird eingeliefert. Eine junge Frau aus Adschdabija ist unter ihnen. Ich dokumentiere ihre Operation. Doch die Ärzte schaffen es nicht. Wir haben vergeblich auf ihre Rettung gehofft. Wenig später kommt der Arzt aus dem Operationssaal, setzt sich im Flur auf einen Stuhl.»Jetzt ist sie tot.« Er beginnt zu weinen. Fadya ist nur zweiundzwanzig Jahre alt geworden. Meine Ahnung vom Vorabend in Adschdabija hat sich bestätigt: Die Stadt wurde vergangene Nacht tatsächlich angegriffen. Es muss kurz nach unserer Abfahrt gewesen sein. Auf dem Weg nach draußen erkenne ich den Wachmann aus Adschdabija wieder, der uns Wasser gab und uns aus den Fängen unseres Fahrers befreite. Er winkt mir zu und lächelt. Seine linke Hand ist mit einem blutigen Verband umwickelt.

Auf unserer Fahrt kommen wir an einer ekstatisch jubelnden Menschenmenge vorbei, die mit Freudenschüssen den angeblichen Tod eines Gaddafi-Sohns feiert. Ich ertrage das Geknalle, die Explosionen nicht. Die zwölf Stunden in der Wüste und den darauffolgenden Tag habe ich irgendwie funktioniert, nun bin ich kurz davor zusammenzubrechen.

In der Nacht überqueren wir endlich die Grenze nach Ägypten und fahren stundenlang weiter nach Kairo. In meinem Hotelzimmer falle ich todmüde ins Bett, doch ich habe Angst einzuschlafen. Auch wenn die Gefahr vorüber ist, meine Angst ist es nicht. Sie ist real, wird mich die nächsten Monate, Jahre begleiten.

Im Flieger nach Europa schlagen wir die Zeitung auf und trauen unseren Augen nicht. Auf der dritten Seite sehen wir ein Bild unseres ausgebrannten Autos in der Wüste. Das Foto stammt von einem Fotografen der Nachrichtenagentur Reuters. Er muss als ausgewählter Fotograf von Gaddafis Seite Zutritt bekommen haben. Es ist so surreal. Alles kommt mir so vor, als sei ich in einem schlechten Traum gefangen.

Zurück in Deutschland versuche ich zu verdrängen, mein Leben weiterzuführen, als wäre das alles nicht passiert. Wenige Tage nach meiner Rückkehr nehme ich eine Einladung zu *stern TV* an. Während ich im Fernsehstudio über die Lage in Libyen spreche und darüber, dass ich knapp überlebt habe, nachts unter Todesangst durch die Wüste geirrt bin, spüre ich: nichts. Es ist das einzige Mal für Jahre, dass ich über die Vorfälle in Libyen berichte. Danach versteinere ich, kann nicht reden, nicht weinen, nicht fühlen, nicht schlafen.

Dieser Tag in der Wüste hat alles verändert. Nie wieder werde ich diejenige sein, die ich einmal gewesen bin.

Im Einsiedlerkönigreich der Kims
Nordkorea, 2012 und 2013

Schrilles Sirenengeheul reißt mich aus dem Schlaf. Wo bin ich? Ich sitze im Bett, komme langsam zu mir, während der Alarm draußen durch die Straßen fegt und die ganze Stadt beschallt. Ist es so weit, ein Bombenangriff? Ich springe aus dem Bett, ziehe mir etwas über und renne über den Hotelflur ins Zimmer meiner Freundinnen. Sie schauen mich mit großen Augen an. Ja, der Krieg muss ausgebrochen sein.

Und was tun wir jetzt, hier in Nordkorea, abgeschnitten vom Rest der Welt? Es gibt keine Möglichkeit zu telefonieren, geschweige denn Internet. Kurz vor unserer Reise wurde das Waffenstillstandsabkommen zwischen den Koreas aufgehoben. Der deutschen Botschaft in Pjöngjang wurde die Evakuierung angeraten, da man nicht mehr für ihre Sicherheit garantieren könne. Offiziell herrscht Krieg. Hier vor Ort kommen die einzigen Informationen, die wir erhalten, vom Regime.

Gestern, es ist das einzige Mal, dass wir Zugang zu einem ausländischen Kanal haben, berichtete ein chinesischer TV-Sender über Kriegsvorbereitungen der USA gegen Nordkorea. Die amerikanischen Flugzeugträger rückten vor, hieß es. Im Rahmen der Militärmanöver würden Raketen abgefeuert. Ein Krieg schien eine konkrete Gefahr zu werden. Hat er gerade jetzt begonnen?

Zu viert eilen wir hinunter in den verwaisten Ballsaal des Koryo Hotels, wo das Frühstück serviert wird. Wir sind die einzigen Gäste. Viele Touristen verschlägt es sowieso nicht in dieses isolierte Land, schon gar nicht in angespannten Zeiten wie diesen.

Unser Fahrer und Aufpasser Seung-Y erwartet uns schon. Er lacht angestrengt. »Das ist doch nur der Wecker für die Menschen hier. Aber Krieg kann schon kommen, wir sind vorbereitet.« Während er ausführt, dass Nordkorea sich im Ernstfall gut verteidigen könne, bedienen wir uns, noch ein wenig irritiert, an Milchpulver und österreichischen Miniaturmarmeladen, die offensichtlich aus dem Flugzeug mitgenommen wurden. Neben einer kleinen Schüssel mit Glutamat liegt eine akkurat gefaltete Serviette, die ein halbiertes Papiertaschentuch ist. Wir befinden uns im besten Restaurant der Stadt, doch wegen der Sanktionen fehlt es selbst hier an allem. Die Devise lautet: Normalität vorspielen und improvisieren, solange es geht. Im Flieger nach Pjöngjang hatten die Nordkoreaner auffallend große Gepäckstücke dabei. Allem Anschein nach beschaffen sie, wegen der Sanktionen, dem Staat ausländische Güter mit normalen Linienmaschinen. Wir schauen nach oben, wo unser Quartett von der Spiegeldecke reflektiert wird. Es ist wohl das seltsamste Frühstück meines Lebens.

In Nordkorea bin ich nun zum zweiten Mal, vor einem Jahr, 2012, war ich schon einmal hier. Mich interessiert dieses Land, von dem im Westen die wenigsten wirklich etwas wissen. Ich möchte es mit eigenen Augen sehen, bevor es Spielball der imperialen Ansprüche der Großmächte wird wie etwa Syrien, Irak oder Libyen. Bevor im öffentlichen Gedächtnis die Identität der Einwohner ausradiert und nur das Konterfei des Diktators Kim Jong-un und seiner Militärparaden übrig bleiben wird. Deshalb dokumentiere ich beide Besuche mit meiner Kamera, meistens heimlich.

Bevor ich solche Reisen antrete, bekomme ich immer wieder von allen Seiten gutgemeinte Ratschläge und Warnungen zu hören. Im Falle von Nordkorea hatte sogar Karin Kneissl, damals erfahrene Krisenreporterin, später Außenministerin von Österreich, meinen Begleiterinnen dringend abgeraten. Meine Freundinnen und ich ließen uns dennoch nicht davon abbringen. Weil es so gut wie unmöglich ist, ein Journalistenvisum zu bekommen, bin ich wie sie offiziell als Touristin eingereist. Das macht die ganze Sache ein wenig heikel, denn mittlerweile kann man meinen Namen auch über Google finden. Ich laufe daher Gefahr, unter Spionageverdacht zu geraten.

Schon am Flughafen in Peking, dem letzten Stopp vor Pjöngjang, beschlich mich ein mulmiges Gefühl. Kaum wurden uns unsere Visa ausgehändigt, näherten sich uns schon einige Männer und fragten auf Deutsch, was wir denn in Nordkorea vorhätten. Gehörten sie zum Geheimdienst? Als ihre Fragen immer penetranter wurden, ließen wir sie einfach stehen und vermieden bis zum Abflug jeden Kontakt mit ihnen.

Im Flieger sehen die meisten Besucher zum ersten Mal in ihrem Leben Nordkoreaner. Das sehr saubere Interieur des Fliegers erinnerte an die fünfziger Jahre, und die bildhübschen Stewardessen trugen Kostüme wie aus einem frühen James-Bond-Film. Die Zeitungen vermittelten uns einen ersten Eindruck von dem, was uns die nächsten Tage erwarten würde: Auf jeder Titelseite und auch auf allen nachfolgenden Seiten sah man, welche Institutionen der »Oberste Führer« gerade besucht hatte. Eine englischsprachige Zeitung berichtete gar von der Entdeckung einer Einhornhöhle. In Nordkorea, so sagte man mir, sei es verboten, Zeitungen zu knicken, weil man ungewollt ein Foto des »Marschalls«, so der militärische Rang von Kim Jong-un, zerknittern könnte.

Nach unserer Landung laufen wir durch den Regen in die Halle des internationalen Flughafens Pjöngjang, die ungefähr so groß ist wie die Turnhalle meiner Grundschule. Soldaten, die mit ihren übergroßen Mützen wie Statisten aus einem Historienfilm wirken, mustern uns streng. Den Einreisebestimmungen zufolge dürfen unter anderem keine Radios, Ferngläser, Fernseh- oder Funkgeräte eingeführt werden. Bei meiner letzten Reise war mir mein Handy direkt abgenommen und weggesperrt worden. Diesmal dürfen wir die Geräte behalten, Telefonnetz und Internetzugang gibt es ohnehin nicht. Es ist außerdem verboten, beschriftete T-Shirts und Publikationen mitzubringen, »die dem nordkoreanischen sozialistischen System feindlich gesinnt oder für die politische und kulturelle Entwicklung schädlich sind«, heißt es auf der Zolldeklaration. Weil man hier weder Kreditkarte nutzen noch Geld abheben kann, habe ich nur ein bisschen Bargeld bei mir. Kaufen kann man hier sowieso wenig.

Am Flughafen nehmen uns zwei Begleiter in Empfang, die uns in perfektem Deutsch begrüßen. Yeong-Su, der ältere, Joon, der jüngere, sind für uns Touristen zuständig und werden, wie auch unser Fahrer Seung-Y, während der gesamten Reise nicht von unserer Seite weichen. Am Ende werden sie vor der entsprechenden Behörde Bericht erstatten müssen. Freundlich weisen sie uns darauf hin, wie wichtig es sei, Kim Il-sung, den »Ewigen Präsidenten«, und Kim Jong-il, die »Leuchtende Sonne des 21. Jahrhunderts«, zu respektieren. Wir seien verpflichtet, sie mit einem Blumenstrauß und einer Verbeugung zu würdigen. Meine Freundinnen und ich schauen uns ungläubig an. Ob wir in den nächsten Tagen das Gefühl, mitten in einer Satire zu stecken, ablegen können? Als ob Joon unsere Gedanken lesen könnte, sagte er: »Ich weiß, bei uns ist vieles anders als bei euch.«

Nach dem etwas anderen Frühstück steigen wir mit unserem Fahrer Seung-Y in den Bus. Alle Bilder, die ich aus Nordkorea kannte, sind grau und düster. Aber die Wahrheit ist, dass die Sonne auch hier scheint. Auf der Fahrt zum Hotel versuche ich, so viele Eindrücke wie möglich zu sammeln. Menschen laufen in Reih und Glied zur Reissaat. Einzelne putzen überdimensionierte Monumente mit einem Besen. An einer Bushaltestelle jäten Wartende Unkraut. Die Menschen auf den Straßen beachten uns nicht. Sie tun so, als seien wir nicht da, schauen durch uns hindurch. Nur Kinder in der Tram-

Straßenszene

bahn werfen ab und zu einen Blick auf uns und winken uns neugierig zu. Die Hauptstadt ist sauber, es herrscht kaum Verkehr, dafür gibt es sehr viel öffentlichen Platz. Elegant drehen Verkehrspolizistinnen, hier auch die »Blumen Pjöngjangs« genannt, bei ihrer Ablösung auf den leeren Straßen Pirouetten und marschieren im Stechschritt zum Bürgersteig. Fast alle Einwohner sind adrett gekleidet. Bunte Häuser ziehen an uns vorbei, durch das Busfenster dringt klassische Musik, die die ganze Stadt beschallt. Es kommt mir vor, als seien wir in einem Theaterstück gelandet, in dem die gesamte Stadt die Bühne ist, die Einwohner die Statisten und wir das Publikum.

Am Großmonument Mansudae marschieren kleine Gruppen orchestriert im strammen Gleichschritt zu zwei riesigen Bronzestatuen, um dem »Generalissimus der Demokratischen Volksrepublik Korea«, Kim Il-sung, und dem »Geliebten Führer«, Kim Jong-il, zu huldigen. Posthum wurde Letzterer zum »Ewigen Generalsekretär« erhoben, so wie sein Vater Kim Il-sung der »Ewige Präsident« bleibt. De jure wird Nordkorea also von zwei Toten regiert und einem Lebenden: Kim Jong-un. In US-Kreisen heißt er auch »Rocket Man«, weil er ab und zu atomare Tests in den Tiefen der nordkoreanischen Erde durchführt. Seitdem Kims letzter Atomtest nicht nur seismische Wellen in sämtlichen Messstationen der Welt auslöste, sondern auch ein politisches Erdbeben verursachte, zittert die Welt vor der Demokratischen Volksrepublik Korea. Ein neuer Schurke bedroht den Weltfrieden der vermeintlich Guten – geeigneter Stoff für einen James-Bond-Film.

Am Ufer des Flusses Potong wird uns stolz das US-Spionageschiff USS Pueblo präsentiert, das die nordkoreanische Marine 1968 kaperte. Die amerikanische Besatzung versuchte noch, geheime Informationen zu vernichten, konnte aber nicht alles zerstören. Ein Mann starb, die anderen zweiundachtzig Amerikaner wurden verhaftet. Um die Gefangenen über die »Brücke ohne Wiederkehr« freizubekommen, mussten sich die »US-Imperialisten« – so werden Amerikaner hier genannt – offiziell entschuldigen und zusichern, keine weitere Spionage zu betreiben. Bis heute ist die USS Pueblo das weltweit einzige Schiff der US-Marine, das sich in fremden Händen befindet. Hochgemut zeigt uns die junge Leiterin dieser Stätte die Siegestrophäe samt Dokumenten wie der offiziellen Entschuldigung der Amerikaner und einem Film, der die Festnahme der Eindringlinge dokumentiert.

Die extreme Sensibilität der Nordkoreaner, was Einmischungen von außen angeht, hat eine lange Geschichte. Korea, ein Land mit

Huldigung an Kim Il-sung und Kim Jong-il, Mansudae

einer jahrtausendealten Hochkultur, wurde 1910 annektiert und
in das japanische Kaiserreich eingegliedert. Damit erlosch die Völ-
kerrechtsfähigkeit Koreas: Versammlungen, Organisationen, Rede-
freiheit und unabhängige Presse waren von nun an verboten. Die
darauffolgenden Jahre waren für die Koreaner prägend. Sie wurden
konsequent erniedrigt und entrechtet. Koreaner durften nicht mehr
ihre traditionelle Tracht tragen, sie mussten japanische Namen annehmen, denn ohne diese gab es keine Lebensmittelkarten. Der
traditionelle chinesische Kalender wurde mit dem gregorianischen
getauscht, die koreanische Sprache im Schulunterricht durch die ja-

panische ersetzt. Bald durften die Menschen auch zu Hause nicht mehr in ihrer Muttersprache reden. Ein weiterer fundamentaler Eingriff war die Einführung der neuen Staatsreligion Shinto. Die Teilnahme an Tempelritualen war Pflicht. Aufstände wurden blutig niedergeschlagen,»Gedankenverbrecher« inhaftiert.

Doch damit nicht genug. Als sich Japan immer mehr in den Zweiten Weltkrieg involvierte, brauchte es mehr als nur eine »Kornkammer« für das eigene Kaiserreich. Über eine Million koreanischer Zwangsarbeiter mussten im gesamten Gebiet des Japanischen Kaiserreichs in Bergwerken und Fabriken schuften, um die Japaner zu ersetzen, die für den Militärdienst eingezogen worden waren. Weil die Soldaten nach Ablenkung und Belohnung verlangten, wurden abertausende Mädchen in japanische Militärbordelle verschleppt. Als Stigmatisierte mussten sie jahrzehntelang versteckt leben. Bis heute ist das Kapitel der »Trostfrauen« in der koreanischen Kultur mit Scham besetzt.

Außerhalb der Hauptstadt, am Geburtshaus von Kim Il-sung, berichten unsere Reiseführer, dass der Ewige Präsident 1912 in bittere Armut hineingeboren wurde. Im Teenageralter habe er eine antijapanische Widerstandsgruppe gegründet und fortan als Partisan gelebt. Die ärmliche Behausung und die Verehrung seiner Mutter scheinen mir an christliche Elemente angelehnt, doch sein Partisanenleben hat etwas von Che Guevara. Plötzlich sehe ich, dass ein Reiseleiter eine meiner Freundinnen am Arm packt. Ich schrecke auf. Die Koreaner sind Gästen gegenüber eigentlich stets zuvorkommend, Berührungen sind unüblich. Eine meiner Freundinnen hat sich das Strohdach des Geburtshauses wohl etwas zu genau angeschaut und dabei ein eingebautes Mikrofon fotografiert. Der kleine Vorfall macht mich stutzig. Die Lage ist viel angespannter, als ich dachte.

Ich weiß nun, dass ich beim Fotografieren auch harmloser Motive mit Umsicht vorgehen sollte. Aber da mich niemand zu hindern versucht, fotografiere ich weiter. Schließlich ist das mein Beruf. Allerdings bin ich mir mittlerweile sicher, dass ich vom Geheimdienst beobachtet werde. Da derzeit nur wenige Touristen das Land besuchen, scheinen sich gleich mehrere Überwachungsorgane um uns zu kümmern. Nach der Reise werde ich erfahren, dass mich mein Gefühl nicht getäuscht hat. Nordkorea hat seit dem zweiten Tag meines Aufenthalts Nachforschungen über mich in Malaysia angestellt. Warum ausgerechnet im Ausland, kann ich mir nur mit dem mangelnden persönlichen Internetzugriff in Nordkorea erklären. Meine deutsche Reiseagentur wurde zudem extrem unter Druck gesetzt. Kaum hatte ich das Land verlassen, läutete es Sturm. Da die Agentur Gefahr lief, ihre Lizenz zu verlieren, forderte sie mich mehrfach auf, Verträge zu unterzeichnen, in denen ich meine Hochachtung gegenüber dem Diktator ausdrücke und versichere, niemals Fotos aus Nordkorea zu publizieren. Natürlich unterschrieb ich nicht. Solange ich jedoch im Land bin, habe ich wie die Einheimischen keinerlei Kontakt zur Außenwelt.

Auf der Fahrt zum nächsten Programmpunkt fragt mich Yeong-Su, was man im Westen über Nordkorea denkt. Ja, was wissen wir schon über dieses Volk? Nichts. Oder zumindest sehr wenig. Die meisten Menschen bei uns glauben ja beispielsweise, dass Kim ein Vorname sei. Wir passieren einen Schriftzug: »Gepriesen sei unsere allerbeste Partei und der Volksführer, Genosse Kim Jong-un.« Mit viel Schönfärberei gebe ich Yeong-Su zu verstehen, dass Nordkorea nicht den besten Ruf hat, oft als Aggressor wahrgenommen wird. Ich sage ihm nicht, dass auch gebildete Leute jede noch so abstruse Horrorgeschichte über Nordkorea glauben. »Alles westliche Propaganda«, antwortet er bestürzt. »Was tun wir euch? In Südkorea sind dreißigtausend amerikanische Soldaten stationiert. Wer verhängt denn die Sanktionen? Warum ist es so schwer zu akzeptieren, dass

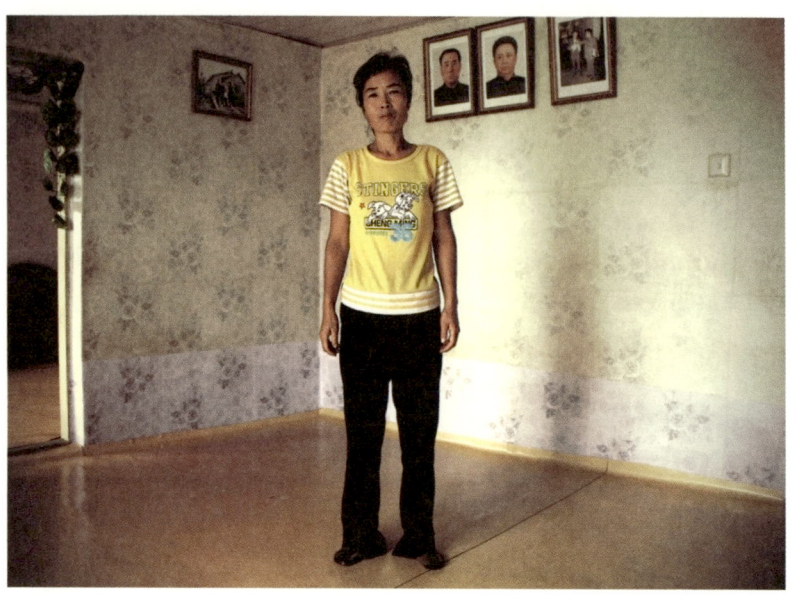

Bäuerin

auch wir Menschen sind?« Und was ist mit den Menschenrechtsverletzungen, mit all den politischen Gefangenen?, rutscht es mir raus. Ist das auch nur Propaganda?

Langes Schweigen, das erst bei der Besichtigung einer landwirtschaftlichen Produktionsgenossenschaft, in der dreihundert Haushalte gemeinsam Ackerbau und Viehzucht betreiben, unterbrochen wird. »Bei der Ernte brauchen wir alle Hände, sogar die Pfoten der Hunde.« Die einheitlichen Bauernhäuser sind spärlich eingerichtet, in der Küche sind Topfvorrichtungen in den Boden gegraben, in den möbellosen Wohn- und Schlafzimmern prangen Konterfeis des »Ewigen Führers« an den Wänden. Im nächsten Haus sieht es exakt gleich aus. Keinerlei persönliche Gegenstände. Ob das nur in der Provinz so ist?

Zurück in der Hauptstadt besuchen wir eine Frauenklinik. In den blitzblanken Gängen mit Kronleuchtern ohne Licht und rosa Sofas erfahren wir, dass es in Nordkorea Hunderte von Drillingen und Vierlingen gibt, für die alles getan würde. Der Staat würde zur Not auch einen Helikopter schicken, um die Schwangere in diese Klinik zu fliegen. Die Kinder würden dann als Geschenk dem Staat anvertraut und von diesem großgezogen. Irritiert frage ich nach, ob ich das gerade richtig verstanden habe. Ja, habe ich. Stolz zeigt uns eine Krankenschwester, was eine Nachttischlampe ist. Über unsere ausbleibende Ekstase beim Einschalten des Lichts ist sie wiederum sichtlich irritiert. Noch einmal betont sie, dass dieses Gerät sogar in der Nacht funktioniere.

Nachdem wir beim Mittagessen in den Genuss von kalten Nudeln gekommen sind, schlendern wir durch Kim Jong-ils Filmstudios, vorbei an Replika original Schweizer Chalets. Ich erinnere mich an diesen Skandal, der sich Ende der siebziger Jahre zugetragen hat. Diese irre Geschichte beginnt mit der Filmbesessenheit des jungen Kim Jong-il. Um die Gunst seines gottähnlichen Vaters zu erlangen, inszenierte er alle Heldentaten Kim Il-sungs auf der Leinwand und wurde so zu seinem Propagandaminister. Zur Inspiration ließ er sich heimlich alle westlichen Filmklassiker einfliegen – was im krassen Gegensatz zur gepredigten Doktrin stand. James Bond und Elizabeth Taylor hatten es ihm besonders angetan. Auch als Diktator beobachtete er voller Faszination die Besten ihres Faches. Der ehrgeizige Diktatorensohn war sich bewusst, dass die einheimischen Filmemacher, denen individualistische Kreativität konsequent aberzogen wurde, keine Meisterwerke produzieren konnten. Ganz im Gegensatz zum Nachbarland. Zu seinen Idolen gehörten die gefeierte südkoreanische Schauspielerin Choi Eun-hee und ihr Ex-Mann Shin Sang-ok, der beste Regisseur Südkoreas. Als sich Choi Eun-hee 1978 in Hongkong wegen eines möglichen Filmengagements aufhielt, verschwand sie plötzlich spurlos. Ihr Ex-Mann versprach dem gemeinsamen Sohn, dass er dessen Mutter suchen und nach Hause bringen würde. Dann verschwand auch er. Nach ein paar Jahren musste der Sohn davon ausgehen, dass seine Eltern tot waren. Doch eines Tages wurde ihm ein Band zugespielt, auf dem die Stimme Kim Jong-ils und die seiner Eltern zu hören waren. Allmählich wurde klar, dass seine Eltern entführt worden waren, um die nordkoreanische Filmbranche zu modernisieren. Kim Jong-il hatte nicht davor zurückgeschreckt, die südkoreanischen Versionen von Marilyn Monroe und Orson Welles zu kidnappen.

In der Tat produzierten die beiden in dem Einsiedlerkönigreich innerhalb von ein paar Jahren sechs zum Teil preisgekrönte Filme. Es wurden keine Kosten gescheut, damit sie ihre Ideen umsetzen konnten. Sie hatten alles, außer ihrer Freiheit. Als Kim Jong-il sie aufforderte, erneut zu heiraten, kamen sie seiner »Bitte« nach. Auf einer Reise zu einem Filmfest in Wien schafften es die beiden wiedervermählten Filmstars schließlich, ihre nordkoreanischen Bewacher abzuhängen. Das Taxi bog in eine andere Straße ab. Sie flüchteten in die amerikanische Botschaft, wurden in die USA gebracht, wo sich der CIA ihrer annahm. Und so endete der Traum Kim Jong-ils abrupt. Von dieser Geschichte bekommen wir vor Ort natürlich keinen Ton zu hören. Dafür teilt man uns voller Stolz mit, dass die nordkoreanischen Comiczeichner international so beliebt seien, dass auch Disney sich um ihre Dienste bemühe.

Zurück im Bus kippt die Stimmung. Beide Leiter halten auf einmal ein Mobiltelefon in der Hand und sprechen hektisch hinein. Obwohl wir kein Koreanisch verstehen, senken sie ihre Stimmen und beginnen zu flüstern. Ich werde nervös. Dass ich im Prinzip illegal eingereist bin, könnte unangenehm für mich werden. »Eine konsularische Betreuung von deutschen Staatsangehörigen in Haft kann nicht sichergestellt werden«, warnte das Auswärtige Amt auf seiner Internetseite. Düster erinnere ich mich an die Festnahme der beiden US-amerikanischen Journalistinnen Euna Lee und Laura Ling, die 2009 zu zwölf Jahren Lagerhaft verurteilt wurden. Aber bei koreanischstämmigen Amerikanern wird das doch eine andere Sache sein als in meinem Fall? Ich habe weder Verbindungen zu irgendeinem der vielen Geheimdienste, noch arbeite ich auch nur im Entferntesten für eine Regierung. Ich habe einen deutschen Pass und bin auf keiner Gehaltsliste von Interessensträgern, im Gegenteil: Als freie Journalistin muss ich um jede Publikation kämpfen. Für Sendeplätze bei den Öffentlich-Rechtlichen muss ich gegen alle Egos der Alteingesessenen antreten. Egal, wie exklusiv mein Material ist. Angesichts des enormen Risikos, das Freiberufler eingehen, gleicht dieses Prozedere regelrechtem Mobbing. Doch das werde ich den Nordkoreanern hier wohl kaum verständlich machen können.

Beim nächsten Halt, der Ausstellung der drei Revolutionen in Form eines Riesenplaneten, passt Joon mich ab. Er verlangt meinen Ausweis und zieht auch gleich die Pässe meiner Freundinnen ein. Joon bittet mich, nicht mehr zu filmen. »Ich habe Schiss«, flüstert er mir zu. Yeong-Su schaut mir nicht mehr in die Augen. Von nun an werden wir dauerüberwacht. Unsere Leiter lassen nur in kurzen Momenten von uns ab. Ich schätze, dann, wenn Mikrofone in den Besichtigungsstätten ihre Aufgabe übernehmen. Wir werden einer Reiseführerin des Museums übergeben. Das Programm geht weiter, als wäre nichts vorgefallen. Im Technikmuseum präsentiert man uns den ganzen Stolz des Landes: Raketen. Außerdem ein national produziertes Auto und die getreue Nachbildung eines nordkoreanischen Satelliten namens »Liebe«, der erfolgreich ins All geschossen worden sein soll.

Mir fällt immer wieder auf, dass Waffen, besonders Raketen, in Nordkorea emotional außerordentlich positiv besetzt sind. In den Kindergärten und in den Schulen, die wir während unserer Reise

Ausstellung der drei Revolutionen

besuchen, sehen wir verschiedentlich farbenfrohe Zeichnungen von Raketen an den Wänden hängen. Warum das so sei, frage ich Joon. »Das ist unsere Lebensversicherung«, antwortet er, verblüfft von dieser naiven Frage.

Wir fahren weiter. An den Straßenrändern stehen Menschen, die – mitten im Nichts – Unkraut jäten. In einem unbeobachteten Augenblick kann ich Arbeiter filmen, die von der Industrialisierung anscheinend übergangen worden sind. Mit einfachsten Mitteln flicken sie die verwaisten Autobahnen. Maschinen? Fehlanzeige.

Nur in wenigen Ländern der Erde hat sich der Kommunismus

nicht vollends aufgelöst. In China, Vietnam, Laos, Kuba wurden über die Jahre marktwirtschaftliche Reformen zugelassen. Nordkorea hingegen hat er noch fest im Griff. Hier ist der Kalte Krieg anscheinend noch immer reale Gegenwart. Die ganze Welt hat sich verändert, nur das abgeschottete Reich der Kims und sein Volk nicht. Sie scheinen in einer Welt vor der Globalisierung zu verharren, in einem absoluten Herrscherkult, der uns fremder nicht anmuten könnte.

Je mehr wir uns auf unserer Reise von der Hauptstadt entfernen, desto stärker wird dieser Eindruck. In einem braunen Fluss sehe ich eine Ansammlung von Männern und Frauen, die Kleidung waschen; wie die meisten Menschen auf dem Land tragen sie braune Uniformen. Hier ist tatsächlich alles so graubräunlich, wie man es von den Bildern kennt. Ein Landarbeiter transportiert ein Schwein auf dem Gepäckträger seines Fahrrads. Als es heftig strampelt und sich aufzubäumen versucht, springt der Mann erschrocken von seinem Rad. Die umherstehenden Leute kichern. Auch Joon schüttelt sich vor Lachen. Er erklärt mir, dass das Schwein zum Schlachten gebracht werde und für den Transport mit Schnaps betäubt wurde. Augenscheinlich hat die Wirkung auf der Fahrt nachgelassen.

Was würde ich dafür geben, mich mit diesen Menschen unterhalten zu können, mit Menschen, die keine offizielle Funktion bekleiden. Auf all meinen anderen Reisen tausche ich Kontaktdaten mit den Einheimischen aus. Normalerweise laden wir uns gegenseitig auf ein Wiedersehen ein. Hier ist das nicht der Fall. Einen ungezwungenen Kontakt zu Einheimischen aufzubauen ist schier unmöglich. Die intimste Begegnung war die mit einem betrunkenen Hochzeitsfotografen. Als Kollege ließ er mich dabei zuschauen, wie er eine waghalsige Tanzvorführung fotografierte. Sonst aber trennte uns eine unsichtbare Mauer von den Einheimischen.

Zurück in der Hauptstadt wirkt ihre eigenwillige Architektur auf uns einmal mehr wie aus einer anderen Welt. Nach der totalen

Zerstörung Pjöngjangs im sogenannten »vergessenen Krieg« musste die Kapitale neu errichtet werden. China und die Sowjetunion zeigten sich großzügig, auch um den kapitalistischen Gegenspieler im Süden ihre kommunistische Überlegenheit zu demonstrieren. Und so ging der Wiederaufbau als Höhepunkt internationaler sozialistischer Solidarität in die Geschichte ein. Da die neue Planungshoheit nichts dem Zufall überließ, wurde Pjöngjang als Musterstadt am Reißbrett entworfen: Konsequente Symmetrie, durchdachte Nutzung der Blickachsen und überdimensionierte Formensprache sollen auf das Bewusstsein der Menschen wirken und so eine neue, reine Gesellschaft schaffen.

Und in der Tat machen uns die enormen Proportionen, das ungewohnt einheitliche Stadtbild und die pharaonenhafte Monumentalität sprachlos. Es ist das Gegenkonzept zu allen mir bekannten westlichen Städten. Architektur als Kontrolle. Individualismus und persönliche Freiheit sind unerwünscht. Hier sollte es keine verwinkelten Gassen geben, die unkontrolliertes Aufeinandertreffen und zufälligen Austausch ermöglichen. Nordkoreaner leben Tag für Tag in der übergeordneten Bedeutung des öffentlichen Raumes und in der ständigen Sichtbarkeit. Ein Leben auf dem Präsentierteller. Was sie wohl über das individualistisch-chaotische Stadtbild westlicher Metropolen denken würden?

Außerhalb der Hauptstadt findet man noch vereinzelt jahrhundertealte Bauten, welche die japanische Besetzung, den Krieg und die kommunistische Dynastie überlebt haben. Von dem antiken Stadttor auf einer Verkehrsinsel in Kaesŏng habe ich einen guten Ausblick auf eine sehr breite Straße, die plötzlich vor einem Berg verschwindet. Erst denke ich, dass es sich um eine optische Täuschung handelt, aber der Autobahnabschnitt endet tatsächlich abrupt im Nichts. Auf der riesigen Straße, so groß wie eine Landebahn für einen Jumbojet, sehe ich während unseres gesamten Aufenthaltes nur ein einziges Auto fahren. Dennoch benutzen die Bürger den Zebrastreifen. Die Menschen verhalten sich so, als ob es sich um eine vielbefahrene Straße handelt. Ein Verkehrspolizist regelt den nichtexistenten Verkehr. Seine Uniform wirkt wie ein Kostüm. Seine vorschriftsmäßige Gestikulation ohne jegliche Wirkung hat etwas von Slapstick. Wie würde dieser stolze Mann wohl, bei einer Öffnung des Landes, seine absolut sinnlose Tätigkeit der Außenwelt erklären?

Während des Besuchs des Sŏngbulsa-Tempels in der Stadt Sariwon zieht sich der Himmel zu. Es beginnt zu regnen, und weil es kaum öffentliche Beleuchtung gibt, wird es schnell dunkel. Die Nacht verbringen wir in einem großen Hotel – auch hier sind wir die einzigen Gäste. Männer mit übergroßen Militärmützen sitzen an der Rezeption und starren mit leerem Blick durch uns hindurch. Während wir zu Abend essen, erlischt das Licht. Die ganze Stadt Sariwon ist stockdunkel. Im Schein einer Taschenlampe bestellen wir noch ein Bier, das erst ins Hotel gebracht werden muss. Joon ist müde, doch weil er uns nicht unbeobachtet lassen darf, läuft er wie ein Untoter den finsteren Flur auf und ab. Obwohl wir gerne noch ein bisschen zusammensitzen wollen, beschließen wir, die Runde aufzuheben. Joon bringt uns mit einer Taschenlampe vorbei an den Silhouetten der Rezeptionisten über die dunklen Gänge zum Zimmer. Mittlerweile scheint er uns zu mögen, er erzählt von den Bergen Nordkoreas, schwärmt von seiner hübschen Freundin, die er bald wiedersehen werde. In seiner Stimme schwingt Vorfreude und Stolz mit. Gleichzeitig wirkt sein Überschwang so, als wolle er uns zeigen, dass auch er ein erfülltes Leben hat. Ganz nebenbei informiert er uns, dass nun auch das Wasser abgestellt wurde. Im Zimmer stehen zwei gefüllte Eimer. Als ich im Bett liege, höre ich erst ein Rauschen wie aus einem Radio und dann, näher kommend, eine strenge Stimme im rhythmischen Befehlston durch die Stadt hallen. Propagandatiraden im Dunkeln.

Um fünf Uhr morgens geht es weiter. Die Indoktrination des Tages. Draußen ertönen wieder die Megafone. Als ich hinter dem Vorhang hervorluge, laufen zwei uniformierte Männer im Stechschritt auf der Straße und schauen synchron zu unserem Fenster. Als sie mitbekommen, dass ich sie sehe, richten sie den Blick starr nach vorn und marschieren weiter. Im Morgengrauen treffen sich alle Bewohner der Stadt zum Joggen. Auf der Stelle hüpfen Jung und Alt auf und ab. Ob freiwillig oder erzwungen, weiß ich nicht.

Durch einen tiefen Betongraben, in dem bei einem Angriff große Walzen das Vordringen zur Hauptstadt verhindern sollen, fahren wir zum wundesten Punkt Nordkoreas: zur entmilitarisierten Zone an der Grenze zu Südkorea.»Macht keinen Ärger«, ruft Joon in den Bus. Für einige Sekunden durchbohren mich seine dunklen Augen. Wer weiß, was er über mich erfahren hat. Die Lage wird offenbar heikler.

Bürgersteigähnliche Betonerhebungen markieren den Grenzverlauf. Für die langen Verhandlungen zwischen den Gegnern während des Krieges wurden drei blaue Grenzhäuschen direkt auf dem kleinen Grenzstreifen gebaut, je zur Hälfte auf nord- und auf südkoreanischem Boden. Im Inneren der Baracke steht ein brauner Tisch mit Stühlen. Ein dünnes Mikrofonkabel markiert den Grenzverlauf. So konnten und können sich die Gegner bei Verhandlungen an denselben Tisch setzen, ohne ihr eigenes Land verlassen zu müssen.

Hinter den Sitzreihen befindet sich je eine Tür nach Süd- und eine nach Nordkorea. Ich gehe ein paar Schritte weiter. Für einige Minuten betrete ich das offizielle Feindesland Südkorea, bevor ich durch die Tür in den Norden zurückkehre. Joon flüstert:»Ihr hattet auch eine Grenze, nicht wahr? Euer Land war auch entzweit.« Ich nicke. Der Zweite Weltkrieg befreite Korea von den japanischen Besatzern, doch er teilte es auch. Im Gegensatz zum damaligen Deutschland aber war Korea absolut unschuldig. In fast allen Gesprächen wird die eilig zugenähte, nicht heilen wollende Wunde deutlich.

Soldat an der »gefährlichsten Grenze der Welt«

Obwohl Korea nicht in den Zweiten Weltkrieg involviert war, lebt es bis heute mit den Konsequenzen. Nachdem Japan mit zwei Atombomben bestraft worden war, verlor es auch seine Kolonie Korea. Das Ende des Zweiten Weltkriegs läutete den Beginn des Kalten Krieges ein. Die Siegermächte machten sich an die »Besitztümer« der Verlierer. Den Norden der koreanischen Halbinsel schnappte sich die Sowjetunion. Angeblich wurde daraufhin der 38. Breitengrad innerhalb einer halben Stunde von den Amerikanern als Grenzverlauf zu Südkorea festgesetzt. Korea bestand nun aus einer sowjetischen und einer US-amerikanischen Besatzungszone, die sich jeweils als rechtmäßiger Nachfolger von Japans Vorgarten sahen. Kim Il-sung, der in der Sowjetunion studiert hatte, wurde von Stalin als Präsident eingesetzt. Rhee Syng-man, ein Koreaner, der seine Ausbildung in den USA genossen hatte, wurde im Süden zum Präsidenten – für viele eine Marionette der Amerikaner. Der Wettkampf der Systeme konnte beginnen.

Doch Kim Il-sung, ein erfahrener Partisanenkämpfer gegen die Japaner, ertrug die Besetzung im Süden nicht. Die Trennung des Landes empfand er als Amputation. Mit Wissen der Verbündeten Sowjetunion und China, aber ohne Hilfszusage, überschritt er im Morgengrauen des 25. Juni 1950 den 38. Breitengrad, drang tief in Südkorea ein und wollte so eine Wiedervereinigung erzwingen. Die Amerikaner reagierten. Doch sie waren vorderhand der Invasion aus dem Norden nicht gewachsen. Ihre Geheimwaffe war jedoch Oberbefehlshaber Douglas MacArthur. Mit einer waghalsigen Invasion westlich von Seoul, also im Rücken der nordkoreanischen Invasoren, gelang ihm die Einnahme einer nördlichen Stadt nach der andern. Mit den US-Truppen und mit Hilfe australischer Verbände überrannte MacArthur das Land Richtung Norden, bis er letztendlich am Fluss Yalu stand, an der Grenze zu China.

Erst jetzt handelte Mao Zedong. Er schickte hunderttausende chinesische Soldaten über den Grenzfluss, die die US-Truppen überraschten und zu einem überstürzten Rückzug zwangen, der auch wegen des einbrechenden Winters viele Todesopfer forderte. MacArthur konnte das nicht hinnehmen. Er wollte den Sieg um jeden Preis und forderte vom amerikanischen Präsidenten eine Ausweitung des Kriegs auf China. Doch damit nicht genug: Nur ein paar Jahre nach Hiroshima und Nagasaki forderte er die Atombombe. Präsident Truman, der seinerzeit die Atombomben genehmigt hatte, verweigerte sie MacArthur und setzte ihn ab. Die Welt schlitterte an einem Dritten Weltkrieg vorbei.

Der Stellvertreterkrieg in Korea jedoch, in dem die Nordkoreaner zusammen mit den Chinesen den US-Amerikanern und UN-Truppen aus fünfzehn Ländern gegenüberstanden, mutierte zum Stellungskrieg mit massiven Verlusten. Erstmals setzten die Amerikaner flächendeckend Napalmbomben ein. Mit Feuerwaffen und anderer Kriegstechnik waren die Verbündeten der Südkoreaner den Gegnern aus dem Norden weit überlegen. Doch die nordkoreanischen und chinesischen Truppen konnten auf eine schier unendliche Zahl von Soldaten zurückgreifen. Der Vernichtungskrieg war in vollem Gange. Sechshundertfünfunddreißigtausend Tonnen Bomben wurden über dem kleinen Land Nordkorea abgeworfen. Allein über Pjöngjang fielen mehr Bomben, als es Einwohner gab. Die Stadt bestand buchstäblich nur noch aus Schutt und Asche. Die Bilanz dieses Krieges: Zweieinhalb Millionen tote Nordkoreaner. Die Südkoreaner beklagten eine Million Opfer. Die Interventionsarmee der Chinesen, darunter Mao Zedongs Sohn, verlor eine Million Menschen. Die Amerikaner mussten den Tod von etwa fünfunddreißigtausend Soldaten verkraften, des Weiteren starben fünftausend UN-Soldaten.

Im Juli 1953, endlich, schwiegen die Waffen. Bis heute gibt es keinen Friedensvertrag, sondern nur ein Waffenstillstandsabkommen. Und so endete der Koreakrieg nach drei Jahren und dem Tod von viereinhalb Millionen Menschen – ergebnislos. Dort, wo er begonnen hatte. Am 38. Breitengrad.

Hier stehen wir nun, während Seung-Y seine Version von einem der brutalsten Kriege der Militärgeschichte erzählt. »Nordkorea existierte nicht mehr.« Hunderttausende hungernde Waisenkinder seien durch die Ruinen der ausgebombten Häuser gezogen. Seung-Y berichtet so empört, als sei die Tragödie eben erst passiert. Für einen kurzen Moment ist das Ausmaß dieses alles vernichtenden Krieges erahnbar. Meine Freundinnen, alle viel gereist, sind überrascht, dass sie trotz internationaler Ausbildung wenig bis nichts über diesen Krieg wissen. Auch mir ist es unbegreiflich, wie der Koreakrieg, den die USA offiziell nur als »Konflikt« bezeichnen, zum »vergessenen Krieg« werden konnte. Mit ein Grund dürfte sein, dass es von ihm keine ikonischen Bilder gibt, im Unterschied zum Vietnamkrieg, von dem sich die Fotos des nackten»Napalm-Mädchens« Phan Thi Kim Phúc oder von der Erschießung des Vietcong-Kämpfers Nguyen Văn Lém durch den Polizeichef in Saigon ins Gedächtnis gebrannt haben. Keine Bilder – kein Erinnern?

Immer wieder verblüfft es mich, wie informiert unsere Reiseleiter die geopolitische Lage ihres Landes einschätzen. Gespräche über die Kim-Familie, über die die gesamte Welt spricht, sind hier zwar tabu. Über die Weltpolitik scheinen sie jedoch erstaunlich gut aufgeklärt. Nordkoreas geografische Lage ist denkbar ungünstig, aber gerade sie dürfte der Grund sein, weshalb dieses Einsiedlerkönigreich überhaupt so lange seine eigene Realität aufbauen konnte. Da ist Südkorea mit seinen etwa dreißigtausend US-Soldaten, die eine Einverleibung durch Nordkorea mit Hilfe Chinas oder Russlands niemals zulassen würden. Und im Norden wollen ebendiese Regime an den eigenen Grenzen natürlich kein Land dulden, das eine starke strategische und militärische Partnerschaft zu den Vereinigten Staaten unterhält. Die Weltmächte haben somit nur eine einzige Pufferzone: Nordkorea. Aus diesem Grund ist seit Jahrzehnten eine Art Stillstand eingekehrt.

Kim Il-sung hatte im Koreakrieg lernen müssen, dass er sich im Ernstfall auf seine kommunistischen Verbündeten nicht verlassen kann. Stalin hatte sich geweigert, aktiv einzugreifen und es mit den USA aufzunehmen. Auch Mao hatte sich nicht gerührt, als das gesamte Land im September 1950 eingenommen und die nordkoreanische Armee weitgehend zerschlagen wurde, und erst eingegriffen, als er China bedroht sah. Für Kim Il-sung war nun klar, dass er alleinstand und dass keiner seiner kommunistischen Verbündeten noch einmal bereit wäre, so einen hohen Blutzoll zu zahlen. Er entwickelte seine Juche-Ideologie: Nordkorea als ein autarker, vom Rest der Welt unabhängiger Staat, der aus einem einheitlichen sozioökonomischen Organismus mit einem großen Führer besteht und in dem das Militär an erster Stelle platziert wird. Die Interessen der eigenen Nation stehen auch über denen der kommunistischen Weltbewegung. Nachdem das Land durch die Hilfe des internationalen Kommunismus aufgebaut worden war, schottete er sich von der Außenwelt ab und schuf seine eigene Version eines nationalen Kommunismus: Seite an Seite mit Arbeitern und Bauern steht die Zunft der Gelehrten, symbolisiert durch Hammer, Sichel und Pinsel. Das gesamte Interesse gilt der eigenen Nation, deren Fundamente Unabhängigkeit und Selbstständigkeit sein sollen. Militärische Stärke soll vor Störungen von außen schützen. Heutzutage ist Nordkorea einer der am stärksten militarisierten Staaten der Welt und neben China, den USA und Indien eines der wenigen Länder, das in Friedenszeiten mehr als eine Million Soldaten unter Waffen hält.

Auf die wenigen internationalen Freunde bzw. Interessenspartner, die ihm geblieben sind – unter anderem China, Russland, Iran, Kuba –, ist Nordkorea stolz und hat ihnen einen Ehrenplatz in ihrem Museum für Völkerfreundschaft gewidmet. In zwei palastartigen Marmortempeln in den Myohyang-Bergen sind die Geschenke sämtlicher Staatsoberhäupter und anderer Persönlichkeiten an die Kim-Familie zu sehen. Um die heiligen Hallen nicht zu beschmutzen, bekommen wir Filzschuhe, in denen wir lautlos die unendlichen, leeren Gänge durchschreiten. Es wird geflüstert. Vor einer geschlossenen Pforte werden wir aufgefordert, unsere Kleidung zu ordnen und Respekt zu zeigen. Hinter der Tür erwartet uns eine Art Dschungellandschaft. Lebensgetreue Wachsfiguren von Kim Il-sung und Kim Jong-il stehen in der exotischen Flora. Vogelgezwitscher ertönt aus Lautsprechern. Die Müdigkeit und wohl auch die Überforderung, mit dieser Situation umzugehen, bringen uns vier zu unkontrollierten Lachanfällen, die wir so gut wie möglich zu ver-

Menschliche Pixel, Arirang

bergen suchen. Es ist uns extrem peinlich, aber wir können die Lachwellen nur schwer unterdrücken. Ich beiße mir unentwegt auf die Zunge. Es ist eine unglaubliche Respektlosigkeit unseren Leitern gegenüber, aber die Emotionen gehen mit uns durch.

Die weiteren Stunden in dem fensterlosen Megabau mit angeblich über zweihunderttausend Geschenken, musikalisch untermalt von den von Kim Il-sung eigens komponierten Symphonien, sind an Kuriositäten kaum zu übertreffen. Ein ausgestopftes, als Ober verkleidetes Krokodil bietet auf einem Tablett Gläser zur Erfrischung an – ein Geschenk von Daniel Ortega, Staatspräsident von Nicaragua. Ein ausgestopfter Bärenkopf hingegen stammt vom rumänischen Ex-Diktator Nicolae Ceauşescu. Ein kleinliches Präsent im Vergleich zu Stalins Eisenbahnwaggon und kugelsicherer Limousine. Auch Amerikaner brachten Geschenke, etwa ein von NBA-Star Michael Jordan unterschriebener Basketball und ein Silberteller – beides Mitbringsel von Madeleine Albright an Kim Jong-il.

Im Jahr 2000 gab es in der Tat Annäherungsversuche mit dem Erbfeind USA. Sichtlich stolz empfing Kim Jong-il die damalige Außenministerin auf nordkoreanischem Boden. Allein die Reise dorthin war ein Zugeständnis seitens der Amerikaner. Bei dem Besuch sprachen die beiden über erste Friedensverhandlungen und das Einstellen des Atomprogramms. Doch dann kam 9/11. Im Kampf gegen den Terror holte George W. Bush weit aus und zählte auch Nordkorea zu den Schurkenstaaten. Der US-Angriff »Schrecken und Furcht« auf Bagdad ließ die Stadt in Flammen aufgehen. Erst fielen medienwirksam die Statuen von Saddam Hussein, später fiel er selbst. Mit einem Strick wurde er hingerichtet.

Diese Vorgänge wurden in Nordkorea genau registriert. Hätte Irak eine Atombombe gehabt, sind sich die Nordkoreaner sicher, wäre dem Land dieses Schicksal erspart geblieben. Auch der Fall Libyen, wo Muammar al-Gaddafi sich 2003 bei Geheimverhandlun-

gen mit dem Feind USA verpflichtet hatte, jegliche nukleare Aus-
rüstung aus seinem Land zu schaffen, war den Nordkoreanern eine
Lehre. Später hagelte es Luftangriffe auf Libyen, Gaddafi wurde mit
Hilfe des Westens gestürzt. Die Botschaft war für die Nordkoreaner
klar: Denuklearisierung bedeutet das Risiko der Totalzerstörung.
Deshalb arbeiten sie weiter an der Atombombe.

Welch hohen Stellenwert Kriegswaffen in diesem Land haben,
wird mir wieder im Schülerpalast Mangyongdae bewusst. Eine bunt
bemalte Rakete steht hier riesig neben der Rolltreppe. Ein Mädchen
beteuert uns ihre Liebe zu Kim Jong-il, bevor sie uns durch lange
Gänge in die Kaderschmiede der Nachwuchstalente führt. Die au-
ßerschulischen Aktivitäten beinhalten Tanz, Musikunterricht, Kalli-
grafie, Sticken und Singen. Die Leistung und Präzision der Kinder
machen uns sprachlos. Vor uns stehen professionelle Erwachsene in
Kinderkörpern. »Kinder sind die Zukunft«, erklärt mir die Achtjäh-
rige, während sie auf ein Blumenbild zeigt. Es sind die Lieblingsblu-
men der Koreaner: Magnolienarten, eigens für die »Ewigen Führer«
gezüchtet. Sie heißen Kim Il-sungia und Kim Yong-ilia und symbo-
lisieren die Liebe, wie bei uns die Rosen. Jedoch bezieht sich die
Liebe hier ausschließlich auf die Führer des Landes. Überall herrscht
diese Symbolsprache, die das Volk an die ständige Verehrung der
Kims erinnert.

Für diesen Zweck finden regelmäßig Massenveranstaltungen
statt. Vergangenes Jahr besuchte ich das Arirang-Festival, benannt
nach einem alten koreanischen Volkslied, im Rungrado May Day
Stadium. Ich hatte so etwas noch nie zuvor gesehen. Die Atmosphä-
re bei diesem Spektakel ist unvergleichlich, kein Fußballstadion der
Welt könnte hier mithalten. Gleichwohl kam mir dieser Massenauf-
marsch erst mal befremdlich vor. In der Arena tanzten abertausende
kostümierte Tänzer mit akrobatischer Höchstleistung das Epos »Arirang« nach. In der Masse wurden sie eins und verkörperten so die

Vereintes Korea, Arirang

DNA Koreas. Riesige Menschenmengen formten im Hintergrund bildgewaltige Parolen. Dabei wurden Pappkartons von Tausenden Mitwirkenden synchron umgeblättert und bildeten gigantisch große Zeichen, die wie ein riesiger Bildschirm wirkten. Menschliche Pixel. Auf für mich nicht erkennbare Signale änderten die Kohorten schlagartig ihre Richtung. Wir fühlten uns, als befänden wir uns auf einer überdimensionalen Galeere in einem farbenfrohen Meer athletischer Spitzenleistungen. Über hunderttausend Personen wirkten an diesem Spektakel mit. Das voluminöse Menschenmosaik und die minutiös kalkulierten Wellenbewegungen sind weltweit einzigartig. In präzis choreografierten Massentänzen wird die Geschichte Nordkoreas dargestellt, immer wieder die Sehnsucht nach der baldigen

94

Wiedervereinigung des Landes ausgedrückt. Die Darbietung eines jeden Künstlers dient dabei dem übergeordneten Narrativ. Der Einzelne löst sich wie immer im Ganzen auf.

Diesmal sind solche Feierlichkeiten ohne Erklärung abgesagt. Natürlich kostet so eine Veranstaltung mit Millionen von Arbeitsstunden ein Vermögen, das sich der Staat erst einmal leisten muss. Zudem werden in der jetzigen Lage alle Soldaten für den möglichen Krieg gebraucht.

Zurück im Hotel reicht ein Blick auf die Tafel im Lift, und man versteht sofort, wo das Abhörgeschoss liegt: Die Etagenanzeige für den fünften Stock fehlt. Als ich bei meiner letzten Reise hier an der Bar stand, fiel uns der sehr betrunkene englische Reiseführer einer Gruppe auf. Er prahlte, dass er schon dutzende Male hier gewesen sei. Der Slogan seiner Agentur: »Reise an Orte, von denen dich dei-

Massenchoreographie, Arirang

ne Mutter fernhalten will«. Auf die Frage, ob man mit Bestrafungen rechnen müsse, wenn man sich in den fünften Stock zum Überwachungsbüro schleiche, winkte er ab. Ich hatte Bier getrunken, war übermütig und unvernünftig. Also unternahm ich die nächtliche Mission, hielt sie mit der Kamera fest. Als plötzlich Sicherheitspersonal auftauchte und ich mich gerade so auf einer dunklen Treppe verstecken konnte, war der Ausflug zu Ende. Später erfuhr ich, dass der englische Reiseleiter von der Bar einige Jahre danach auch den amerikanischen Touristen Otto Warmbier betreut hatte. Dessen Ausflug in den fünften Stock war nicht so glimpflich verlaufen, sondern endete mit einer Festnahme, öffentlich inszenierten Schuldbekenntnissen, siebzehn Monaten Haft, Koma, der Freilassung und seinem direkt folgenden Tod. Die Nordkoreaner hatten ihn bei der Ausreise am Flughafen zurückgehalten, ganz ohne großes Aufsehen.

Erst viel später wird mir anhand seiner Geschichte bewusst, welch verheerende Folgen so eine dumme Mutprobe nach sich ziehen kann. Doch schon vor Ort merke ich, dass der Spielraum für Eigeninitiativen in Nordkorea sehr begrenzt ist. Die letzten Tage unseres Besuchs konzentriere ich mich daher weniger auf die Politik als auf das Land und seine Menschen. Beides hat sich verändert seit meiner letzten Reise vor einem Jahr. Ich sehe mehr Autos und Nobelkarossen auf den Straßen fahren, während Damen mit Plastiktüten in der Hand flanieren. Wo waren sie einkaufen? Ihr Kleidungsstil scheint mir individueller und farbenfroher. Pjöngjang, die Stadt der Privilegierten, die nur treue Bürger mit Passierschein betreten dürfen, hat sich in kleinen Schritten modernisiert. Wir besuchen dort sogar einen Vergnügungspark, wo ich unsere Begleiter lauthals lachen sehe. Womöglich hat die Schweizer Schule, die Kim Jong-un unter einem Pseudonym besucht hatte, ihn hinsichtlich eines westlichen Lebensstils doch mehr geprägt, als es die staatliche Propaganda wahrhaben möchte. Auch dass der »Oberste Führer« bei einer Show

Hochhäuser in Pjöngjang

der Harlem Globetrotters in Pjöngjang den US-amerikanischen Basketballstar Denis Rodman zu sich auf die Tribüne bat, widerspricht der offiziellen Verteufelung der westlichen Lebensart. Doch wie Kim Jong-un, einst das jüngste Staatsoberhaupt der Welt, die modernen Hochhäuser der Hauptstadt trotz der Sanktionen finanziert hat, bleibt sein Geheimnis.

Vielleicht hat das Büro 39 hier gute Arbeit geleistet. Diese inoffizielle Abteilung beschafft harte Devisen für Nordkorea, verleiht Arbeitssklaven in die ganze Welt, unterhält Restaurants, vor allem in Kambodscha, die gegen ein hohes Honorar koreanische Gerichte servieren und die Gäste mit Gesangs- und Tanzdarbietungen unterhalten. Das Personal darf sich jedoch nicht unters Volk mischen. Überhaupt werden nur Nordkoreaner ins Ausland geschickt, die eigene Kinder haben, die Familie bleibt somit als Geisel im Land und wird bei Ungehorsam übelst bestraft. Eine weitere Einnahmequelle läuft über die nordkoreanischen Botschaften. In Berlin beispielsweise gehört das Gelände des Cityhostels in bester Lage dem Staat Nordkorea. Die monatliche Pacht von knapp vierzigtausend Euro floss jahrelang unversteuert an das Kim-Regime. Und dann gibt es noch die »Supernote«, eine astreine Kopie des 100-Dollar-Scheins aus eigener Produktion. Die Geldwäsche übernehmen dann zum Beispiel Spielcasinos in der chinesischen Sonderverwaltungszone Macau.

Trotz dieser und anderer Einnahmequellen stellt sich die Frage, wie lange ein Land in einer isolierten Zeitkapsel, in einem Paralleluniversum überleben kann. Wohin wird sich Nordkorea bewegen? Wird es vor der Marktwirtschaft kapitulieren, wird es einen Krieg geben? Welche Richtung Nordkorea auch einschlagen wird, ich bin mir sicher, so wie ich es heute sehe, wird es irgendwann nicht mehr existieren.

Am Abend wollen wir Tischtennis spielen gehen. Das Abendessen dürfen meine Freundinnen und ich diesmal allein einnehmen. Der vertrocknete Blumenstrauß auf dem Tisch kommt mir allerdings irgendwie verdächtig vor. Als Joon später wieder zu uns stößt, steigt er nahtlos in unser privates Gespräch ein. Dann reicht er uns unaufgefordert unsere Pässe zurück. Anscheinend können wir nun doch ohne Probleme ausreisen, auch ich.

Unsere Reiseleiter können nichts für das System, in das sie hineingeboren sind. Selbst eine Verhaftung würde ich ihnen nicht persönlich nehmen. Trotz ihres ausgeprägten Kontrollzwangs fällt es mir inzwischen schwer, sie nicht zu mögen. Barfuß setzen wir uns an dem lauen Sommerabend um eine Steinplatte. Seung-Y, unser Fahrer, hat Muscheln von den Einheimischen besorgt. Kreisförmig ordnet er die schwarzen Meeresfrüchte auf der Platte, übergießt sie mit Benzin und zündet sie an. In den Lichtkegeln der Autoscheinwerfer genießen wir die unerwartete Köstlichkeit, lachen viel. Diese Kreation schmeckt auf jeden Fall besser als die kulinarischen Experimente meiner letzten Reise: Schlangenschnaps und roher Fisch, der vor dem Verzehr nicht getötet, sondern nur mit Alkohol betäubt wurde. Nachdem ich die Hälfe seines Körpers verspeist hatte, begann das Tier hektisch zu zappeln. Die Hundesuppe rührte ich gar nicht erst an.

Im Laufe der letzten Tage sind trotz der Anspannung einige Barrikaden gefallen. Ich sehe zu, wie Joon mit einer meiner Freundinnen Tischtennis spielt und dabei übers ganze Gesicht strahlt. Am Ende umarmt er sie freundschaftlich. Jetzt befindet er sich endgültig im Schlangenschnapshimmel.

Am nächsten Morgen hebt der Flieger endlich ab. Erst jetzt kann ich entspannen, die Bilder aus diesem geheimnisvollen Land sortieren, die unvergleichlichen Erlebnisse und Bekanntschaften ordnen.

(Aus Sicherheitsgründen wurden Namen etc. geändert.)

Breaking the silence

Ägypten, 11. Februar 2012

Zum ersten Jahrestag der Revolution haben sich genauso viele Menschen auf dem Tahrir-Platz versammelt wie damals. Wieder bin ich mitten unter Abertausenden. Auf zwei Bühnen wird Musik gespielt, Kundgebungen werden abgehalten, Lampions steigen in den Himmel. Es herrscht Festivalstimmung. Jugendliche stehen auf einem Bus und ziehen mich auf meinen Wunsch nach oben. Von hier aus habe ich einen guten Überblick über die unglaublichen Menschenmassen, über deren Köpfe ein Meer von ägyptischen Flaggen wogt. Dieses beeindruckende Panorama will ich mit meiner Kamera festhalten.

Meine Augen tränen seit Stunden wie bei einer Pollenallergie. Es sind die Reste von Tränengas, die noch in der Luft schwirren.

Zurück im Hotel treffe ich das ARD-Team und Jürgen. Mit ihm habe ich vergangenes Jahr die Revolution erlebt, die Euphorie, die die Menschen auf dem Tahrir-Platz wie eine Welle erfasste, als sie vom Rücktritt des Präsidenten Husni Mubarak erfuhren. Für die Jubiläumsfeierlichkeiten sind wir gemeinsam nach Kairo zurückgekehrt, um zu dokumentieren, was sich in der Stadt seither getan und was sich für die Menschen seitdem verändert hat. Morgen werden wir mit einem Team der ARD einen Beitrag über den Jahrestag der Revolution und den »Arabischen Frühling« drehen, heute fühlen wir nur vor. Um 22 Uhr breche ich mit Jürgen noch einmal Richtung Tahrir-Platz auf.

Während wir uns durch die Massen zwängen, gestikulieren Männer wild auf der Bühne und plärren ins Mikrofon. Von einem brennenden Müllhaufen steigen Rauchschwaden auf. Die Stimmung ist nun seltsam angespannt. Wir unterhalten uns mit den Jugendlichen. Derweil drängen immer mehr Menschen in unsere Richtung. Ein Mann rät uns, den Platz rasch zu verlassen. An meinem Mikrofon haben sie erkannt, dass ich Journalistin bin. Ständig werde ich hin und her geschubst. Ich kann mich kaum auf einer Stelle halten und ahne, dass der Fremde Recht hat. Auch andere bitten uns zu gehen. Ich habe in Ägypten gelebt, kenne die zurückhaltende Art der Menschen und weiß: Hinter ihrer vorsichtigen Bitte steckt eine dringende Warnung. Ich will weg. Junge Männer mit ineinander gehakten Armen bilden einen Korridor, durch welchen wir aus der Gefahrenzone gelangen sollen. Sie schließen einen Kreis um uns, doch erneut drücken Männer von allen Seiten auf unseren menschlichen Schutzwall. Die Körper pressen sich immer enger an meinen, ich spüre Hände nach mir grapschen. Sobald ich einem der Angreifer ins Gesicht schaue, dreht er sich sofort weg. »Hört auf«, rufe ich und stoße die Männer von mir. Derweil strömen weitere heran, es müssen Hunderte sein, alle gestikulieren wild und schreien durcheinander. Mein Körper ist gefangen zwischen den ihren, ich kann mich nicht mehr bewegen. Plötzlich bemerke ich, wie Personen von

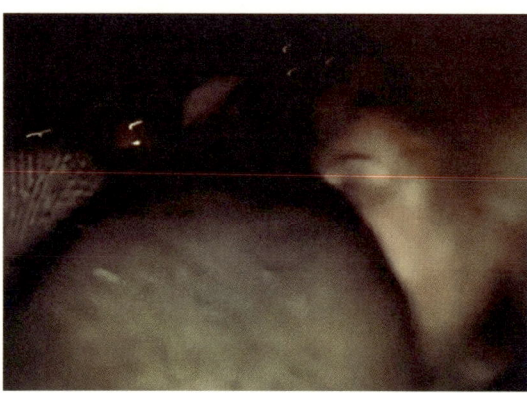

Ich werde verschleppt.
Screenshot eines Internetvideos

unten durch die Menschenkette schlüpfen, die uns umgibt. Immer mehr tauchen auf, ein Jugendlicher in rotem T-Shirt drängt sich zwischen Jürgen und mich.

Die Situation gerät außer Kontrolle, die wild Gewordenen reißen an mir. Ich bin eingequetscht, kann mich nicht mehr wehren, schreie nur noch gegen den tobenden Mob an, er solle aufhören. »Bleib ruhig«, ruft mir Jürgen durchs Gedränge zu, da ist er schon außer meiner Reichweite. Die Jagd auf die Journalistin hat begonnen. Ich spüre Hände an meiner Hose, zwischen meinen Beinen. Während ich Jürgen zurufe, dass ich belästigt werde, drängen sich immer mehr Menschen zwischen uns. Bis ich allein bin inmitten der ungezügelten Horde.

Wie eine mächtige Welle wirbelt sie mich umher. Jemand reißt mir die Spange aus dem Haar, die den blonden Schopf möglichst unauffällig zusammenhalten sollte. Plötzlich heben sie mich an den Beinen und Armen in die Luft, nichts kann ich dagegen ausrichten. Sie bringen mich weg! Jetzt bin ich verloren!

Unter mir sehe ich Menschen am Boden liegen, die von der Menge zertrampelt werden. Ich will schreien, doch bringe keinen Ton heraus. Unter meiner Kleidung spüre ich Hände. Der Strom peitscht mich gegen einen Zaun, von oben verkrallt sich etwas in mein Haar, von unten reißen Klauen an meiner Hose, sie zerreißt. Der Gurt meiner Tasche schlingt sich um meinen Hals und drückt mir die Luft ab. Ich ziehe an der Schnalle, doch die Männer halten meine Hände fest. Nicht ohnmächtig werden, sonst ist es vorbei! Sonst zertrampeln oder vergewaltigen sie mich zu Tode – wahrscheinlich beides! Der Gurt zieht sich immer fester um meine Gurgel. Ich japse nach Luft, sehe aus dem Augenwinkel Jürgen mit aufgerissenen Augen in der Ferne. Mit letzter Kraft befreie ich meine Hände, drücke weiter gegen meinem Strick, bis er aufplatzt, die Kamera herunterfällt und ich panisch Luft in meine Lungen sauge.

Ich bin zur Beute der Baltagiya geworden. Screenshot eines Internetvideos

Als ich wieder richtig atmen kann, merke ich, dass sie mich über den Zaun geschleift haben wie ein Wolf ein gerissenes Schaf. Meine Schuhe habe ich verloren. Dann zerrt mich die johlende Meute weg. Ich weiß, sie verschleppen mich, ich bin ihnen endgültig ausgeliefert, niemand kann mir helfen.

Ich schreie um Hilfe, um Gnade, doch niemand reagiert. Die Männer brüllen und rupfen und reißen an mir. Jemand drückt meinen Kopf nach unten, während ein anderer versucht, mich zu entkleiden. Ich will um mich schlagen, doch wieder halten sie mich an den Händen fest. Ich stolpere über Menschen, die am Boden liegen. Nicht hinfallen! Nicht ohnmächtig werden, bloß nicht ohnmächtig werden! Die Panik der Massen hat mich in ihren Sog gezogen, in dem ich langsam zu ertrinken drohe. Ständig durchfährt mich Schmerz, sie ziehen und kratzen. »Harām«, schreie ich einem bärtigen Mann mit traditionellem Gewand ins Gesicht. Er lacht nur und wiederholt laut und zynisch das Wort. Wieder heben sie meine Füße an, reißen mir Stoff vom Leib. Als ich an mir hinunterschaue, sehe ich meine Haut bluten. Jemand zieht meinen Kopf an den Haaren nach hinten. Für sie bin ich kein Mensch mehr, keine Frau, ich bin eine Beute, von der jeder ein Stück abhaben möchte.

Ich versuche, einen Blick zu fixieren. »Du, hilf mir! Hilf mir, bitte«, rufe ich. »Keine Sorge«, sagt einer und grapscht in meine blutigen Wunden. Ein anderer fügt mir mit seinen brutalen Händen noch mehr Verletzungen zu. »Help me«, flehe ich einen Mann an. Er schaut mich mit weit aufgerissenen Augen an, keine Reaktion. Auch ich sehe nichts mehr Menschliches in ihnen. Zwischen den Köpfen bemerke ich ein Licht, es muss ein Handy sein, das mich filmt. Ich habe keine Stimme, keine Kraft mehr.

Da schlägt plötzlich jemand mit einem glühenden Ast auf die Bestien, die mich festhalten. Ein Stück Kohle fällt herunter. Mit meinem zerrissenen Ärmel kann ich es auffangen und drücke die Glut in den dicken, nackten Bauch eines Peinigers und verbrenne seine Haut. Keine Reaktion. Ich beiße in seinen Arm, so fest ich kann. Nichts. Er zuckt nicht einmal zusammen. Was sind das für Ungeheuer? Die müssen auf Drogen sein!

Wieder werde ich gegen einen Zaun gedrückt, einige ziehen mich über die Eisenstangen. Ich will, dass sie aufhören! Mich nicht mehr begrapschen! Wie können sie das in aller Öffentlichkeit tun? Vollkommen erschöpft schreie ich wieder um Hilfe. »Ich versuche es«, höre ich eine Stimme. Wenige Augenblicke später zieht mich jemand über eine Absperrung und stößt mich in ein kleines Zelt.

Zwei Männer sitzen darin, ich halb nackt vor ihnen, am ganzen Körper blutend. Ich greife nach einer Decke, die am Boden liegt. Draußen höre ich die Schreie. Ich weiß, sie werden uns gleich überrennen. Gib mir deine Hose, rufe ich einem der beiden Männer zu. Er zögert, zieht sie dann aber aus, der andere reicht mir seinen Kapuzenpullover. »Du Arme, wir müssen die Polizei rufen.« Mein ganzer Körper schmerzt, alles ist wund. Jemand ruft panisch: »Du musst das Zelt verlassen, schnell!« Ich kann nicht noch einmal auf den Platz.

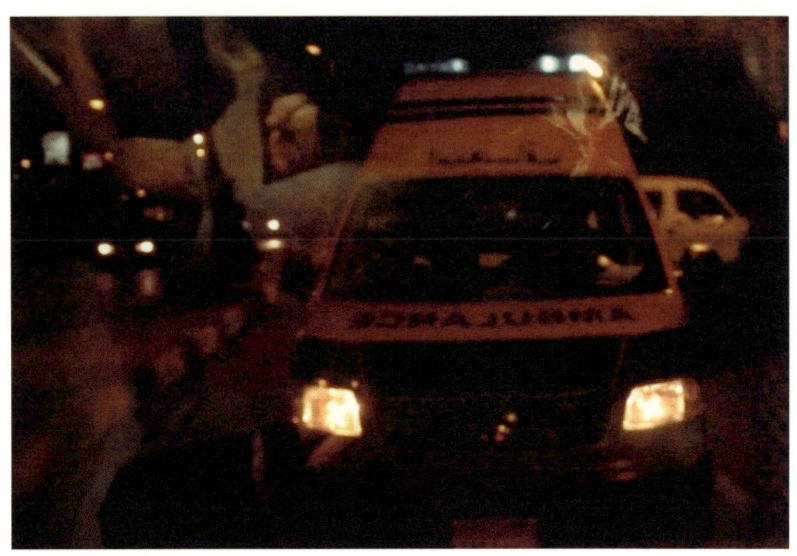

Krankenwagenkonvoi

Rasch ziehe ich die fremde Hose an und den Pulli über, als jemand das Zelt aufreißt, mich an einem Arm packt und hinausschleift. Ich bemächtige mich der Decke und ziehe sie mir über den Kopf.

Menschen legen mich auf eine Liege, tragen mich durch hunderte schreiende, gaffende Männer, ich halte meine Arme schützend übers Gesicht. Plötzlich finde ich mich in einem Krankenwagen wieder, neben mir einer der Männer, die mich vor der Meute schützen wollten. Das Fahrzeug wackelt. Erst jetzt hat der Mob verstanden, dass ich gerettet werden soll. Dutzende Männer versuchen, den Wagen zu stürmen. Sie scheinen völlig wild geworden und bloß noch vom Instinkt getrieben. Nur mit Mühe kann der Sanitäter die Tür schließen. Ich will, dass wir endlich losfahren, doch wir warten. Worauf? Die Wahnsinnigen versuchen, den Wagen durch Schaukeln umzustürzen. Warum fahren wir nicht los? Da öffnet sich die

Tür. Eine der vielen Hände reicht meine Kamera herein. Ich kann es nicht glauben. Dann öffnet sich die Tür ein weiteres Mal. Jürgen steigt ein, schaut mich völlig entsetzt an. Wir schweigen eine Weile. Ich betrachte meine schmutzigen, blutigen, nackten Füße, diesen zitternden, geschundenen Körper.

Endlich fahren wir mit Blaulicht und Sirene los. Durch das Fenster in der Tür sehe ich Männer, die uns nachgaffen, mit Fäusten gegen den Wagen schlagen. Uns folgt ein zweiter Krankenwagen. Die Sanitäter wollen mich in die Klinik bringen, sie sind dazu verpflichtet. Ich stelle mir vor, in einem Raum allein mit Männern zu sein, und gerate in Panik. Ich flehe sie an, direkt das Hotel anzusteuern. Sie nicken, entschuldigen sich wieder und wieder bei mir. Unser Helfer schlägt die Hände vor dem Gesicht zusammen, ihm kommen fast die Tränen, so sehr schämt er sich dafür, was seine Landsleute mir angetan haben.

Das Hotelpersonal möchte mich nicht hineinlassen, denn ich habe nichts mehr bei mir, auch keinen Pass, mit dem ich mich ausweisen könnte. Während man versucht, die Angestellten zu überzeugen, warte ich im Auto. Die Sanitäter vom Wagen hinter uns bringen mir eine Tasche, die aber nicht mir gehört. Einer holt den Pass einer fremden Frau heraus. Hat sie das gleiche Schicksal ereilt? Oder gar ein schlimmeres?

Vor der Wagentür fällt mir ein Mann mit langem Bart auf, der erwartungsvoll auf und ab läuft. Was er da mache, frage ich die Sanitäter. »Der wartet auf seine Hose.« Erst jetzt bemerke ich, dass es der Mann aus dem Zelt ist, der nur eine lange weiße Unterhose trägt. »Er kann nicht ohne sie nach Hause. Was würde seine Frau denken?« Die Männer lachen, mir ist nicht danach zumute.

Jürgen vermittelt, doch das Hotelpersonal bleibt stur. Die Polizei wird hinzugezogen; nach langem Hin und Her stimmt sie einem Check-in zu. In meinem Zimmer steige ich sofort unter die Dusche

Retter bringen den falschen Pass

und drehe das Wasser auf. Reglos stehe ich unter dem Strahl, beobachte, wie das Blut in den Abfluss kringelt. Das Wasser brennt in den Wunden, die meinen ganzen Körper überziehen. Es braucht eine Weile, bis sie vom Dreck befreit sind. Die Beine und der Oberkörper sind übersät von blauen Flecken, sogar ein Blutbläschen wurde mir abgerissen. Mich überkommt Ekel bei dem Gedanken, dass »sie« ihre Abdrücke auf meinem Körper hinterlassen konnten. Nichts wünsche ich mir mehr, als dass sie wieder verschwinden.

Ich gehe zum Arzt, der in einem Behandlungsraum im Hotel wartet, doch ich will mich nicht von ihm untersuchen lassen. Er gibt mir eine Salbe und verbindet meine Beine. Danach spreche ich mit der Polizei. Ich weiß, sie wird nicht gegen meine Angreifer ermitteln. Wie ich gehört habe, hat die Polizei auf dem Tahrir-Platz schon lange nichts mehr zu melden. Als ich auf die Waffe von »Major« Waeel blicke, kommt mir dennoch der Gedanke, wie hilfreich er mir in diesem Gedränge hätte sein können. Die einzige Waffe, die mir nun bleibt, ist, Anzeige zu erstatten, zu erzählen, dass mir Unrecht widerfahren ist. Weil ich Journalistin bin, weil ich eine Frau bin. Die Polizisten hören zu und machen sich Notizen. Zu meiner Erleichterung stellen sie keine unangenehmen Fragen. Einer erzählt mir, dass er auf Al Jazeera von dem Vorfall gehört habe, da sei aber noch von einer Türkin die Rede gewesen. »Julia, du könntest jetzt tot sein«, sagt er. »Weißt du das? Weißt du das?« Ich sehne mich nur noch nach Ruhe. Um vier Uhr schließlich bitte ich die Polizisten, die Anzeigenaufnahme zu beenden. In meinem Zimmer falle ich sofort in einen reglosen Schlaf.

Am nächsten Morgen treffe ich mich mit den Redakteuren der ARD zum Frühstück. Wir besprechen den Tagesablauf für den Fernsehbeitrag, den wir gemeinsam drehen wollen.

Am Nachmittag gehen wir für die Aufnahmen zum Tahrir-Platz. Ich bin immer noch benommen. Trotzdem zwinge ich mich, die Erfahrung der letzten Nacht auszublenden, mich nicht unterkriegen zu lassen. Ich funktioniere einfach weiter, tue nach außen, als wäre nichts passiert. Mit einem Team betrete ich den überfüllten Platz. Die Menschen sind rücksichtslos, unsympathisch. Schnell geraten wir erneut in ein Gedränge, Menschen schubsen einander, zwei Männer peitschen sich den Weg durch die Massen frei. Sie befördern einen Reglosen auf einer Trage. Wir verschwinden in eine Seitenstraße, durch die ein Demonstrationszug zieht.

Im Hotel erkundigt sich ein junger Ägypter nach uns. Er hat vergangene Nacht versucht, uns vor den Horden zu retten, vor den Baltagiya. So heißen die Schlägertrupps und die Kriminellen, die Mubarak kurz vor dem Sturz des Regimes aus den Kerkern gelassen hat, erzählt er. Sie sollten die Stadt aufmischen, um der friedlichen Revolution in der Öffentlichkeit zu schaden. Er zeigt mir ein ruckeliges Video auf seinem Handy, das mich unscharf inmitten der Meute zeigt. Es muss die Aufnahme sein, die ich gestern bemerkt habe. Das Innenministerium will mehr über den Vorfall wissen. Im Büro des Hotels befragen mich Männer, während sie nebenbei ein Fußballspiel im Fernseher an der Wand verfolgen. Ich zeige ihnen das Video; es reicht ihnen als Beweis. Wir alle wissen, dass niemand etwas unternehmen wird und diese Banden unbehelligt weiterziehen und ihr Unwesen treiben werden. Schon vor zehn Tagen haben die Baltagiya im nordägyptischen Port Said bei einem Fußballspiel ein Blutbad mit vierundsiebzig Toten und über tausend Verletzten angerichtet. Es hieß, Polizei und Militär hätten nicht nur tatenlos zugeschaut, sondern das Massaker erst ermöglicht. In westlichen Medien müssen alle Ägypter den Preis dafür zahlen, denn in den wenigen Medienberichten über die Katastrophe wird kaum differenziert zwischen der normalen Bevölkerung und den Schlägertrupps.

Am nächsten Morgen besucht mich eine Ärztin im Hotel – endlich eine Frau. Sie untersucht mich, fragt verständnisvoll, was mir widerfahren sei. An ihren Fragen merke ich, dass sie schon häufiger mit Fällen wie dem meinen zu tun hatte. Immer wieder werden am Tahrir-Platz gezielte Hetzjagden auf Frauen veranstaltet, werden Frauen geschlagen, misshandelt und grausam vergewaltigt. Die Frauen sollen nicht berichten, nicht als Korrektiv fungieren, keine Missstände an die Öffentlichkeit bringen, welche die patriarchalischen Strukturen erst ermöglicht haben. Am Tag von Mubaraks Rücktritt, dem 11. Februar 2011, drängten rund zweihundert Männer auf dem Tahrir-Platz die südafrikanische Journalistin Lara Logan von ihrem Kamerateam ab und vergingen sich an ihr. Die Ägypterin Hend Nafea, die am 17. Dezember 2011 auf dem Tahrir-Platz demonstrierte, wurde von Uniformierten durch die Straßen geschleift und misshandelt. Sie rissen ihr brutal die Kleidung vom Leib. Sie wurde als »Frau mit dem blauen BH« bekannt.

Am nächsten Tag auf dem Tahrir-Platz

In diesem Moment bin ich froh, keine Ägypterin zu sein. Ich wäre nach den Übergriffen ein für alle Mal gezeichnet, eine Schande für meine Familie. Was für eine verrückte Welt! Männer beschmutzen Frauen und geben ihnen das Gefühl, selbst die Schuld daran zu tragen. Auch in westlichen Ländern hört man hinter vorgehaltener Hand: Wenn sie gut ausschaut, wenn sie sich so anzieht, dann ist es ja kein Wunder. Und wenn sie nicht gut aussieht, soll sie doch froh sein, dass jemand sie anfasst. Manche Männer verachten Frauen für ihre eigenen Verfehlungen, während sie sich eigentlich selbst verabscheuen müssten.

Wo immer so etwas passiert – es muss aufhören!

Ich erhalte weiteren Besuch: zwei Ägypter, die mich ebenfalls aus der Gewalt meiner Angreifer befreien wollten. Einer von ihnen, Ibrahim, wurde durch den brennenden Ast am Auge verletzt. Dennoch entschuldigt er sich immer wieder und erzählt mir, ich hätte auf dem Platz arabisch gesprochen. Ich frage mich, wie das sein kann. Zwar habe ich die Sprache eine Weile lang gelernt und kann sie teilweise verstehen, aber kaum sprechen.

Ibrahim kommt am nächsten Tag erneut ins Hotel, diesmal gemeinsam mit einer Gruppe von etwa fünfzehn Leuten. Unter ihnen seine tiefverschleierte Frau und mehrere Kinder. Eine junge Frau überreicht mir Blumensträuße. Alle überhäufen mich mit Entschuldigungen. »Ägypten ist nicht so, Ägypten ist anders«, beteuern sie. Mich rührt diese Geste fast zu Tränen. Sie bitten um Verzeihung für das, was diese Verbrecher getan haben.

Vier Jahre vergehen, ehe ich wieder an meine Verschleppung erinnert werde. Auf Facebook sehe ich das Video von damals. Die wackeligen Aufnahmen, die Männermeute, die mich hin und her reißt. Ich erkenne mich, und doch ist es, als wäre es eine andere Frau auf den Bildern. Das Video wurde von einer Facebook-Nutzerin gepostet. Darunter steht:

»++++++++++ BITTE ANSEHEN UND TEILEN!! ++++++++++
Aktuelles Video der Übergriffe in Köln vom 01.01.2016, dass die Presse uns vorenthalten will!
Klar zu erkennen, wie ein Mob aus Asylschmarozern hilflose Mädchen bedrängt und begrapscht!
Langsam geht das alles echt zu weit, Köln ist erst der Anfang!
Stoppt den Asylwahn von Merkel und Co!«

Mein Körper verkrampft, mein Hirn will verdrängen, nicht noch einmal alles durchleben. Ich bin mir sicher, dass das Video über Nacht gelöscht wird. Doch ich sollte nicht recht behalten. Am nächsten Tag wurde es dreißigtausend Mal geteilt und über eine Million Mal abgerufen. Die Kommentare überschlagen sich, nehmen widerliche Ausmaße an. Ich kann die Verbreitung nicht mehr aufhalten. Dieses Video ist vollkommen aus dem Kontext gerissen worden und wurde absichtlich manipuliert. Ich muss die Fake News aufklären, kann dieses Video nicht als vermeintlichen Beweis für die Übergriffe der Kölner Silvesternacht durch das Netz spuken lassen. Einige Stunden weiß ich nicht, was ich machen soll. Dann setze ich mich an einen Post, suche nach den richtigen Worten. Ich überschreibe ihn mit »Breaking the silence«, erkläre, dass ich die Frau in dem Video bin, in Kairo, im Jahr 2012. »Als Frau habe ich mich lange dafür geschämt. Doch ich möchte nicht, dass dieses Video instrumentalisiert wird«, und erkläre, wann das Video entstanden ist. Diese Botschaft verbreitet sich in Windeseile. Die Reaktionen darauf überwältigen mich. Hunderte danken mir für die Korrektur und die Offenheit, mit der ich über das berichte, was mir widerfahren ist. Die *New York Times* und andere Medien kontaktieren mich, um die Wahrheit zu erfahren. Noch nach Wochen bekomme ich Nachrichten, auch von Geflüchteten. Derweil, erfahre ich, dient das Video in Polen noch immer als Beweis für die Übergriffe in der Kölner Silvesternacht.

Die Arbeit als freie Journalistin

Manche bezeichnen mich als VR-, Video-, andere als Kriegsjournalistin. Mir ist das Etikett ganz gleich. Ich will nur dokumentieren, was ich sehe. Dafür nutze ich Bilder, weil sie oft aussagekräftiger sind als alles andere, was ich von fremden Orten mitbringen könnte. Menschen in Ausnahmesituationen teilen mit mir ihr Leben, ihre Zeit – oft wissend, dass ihnen davon wohl nicht mehr viel bleiben wird. Ich speichere die Bilder auf meiner Kamera. Die Informationen in meinem Kopf. Sie arbeiten so lange in mir, bis sie publiziert sind, bis ich es geschafft habe, die Geschichten dieser Individuen in die Welt zu tragen. Das bin ich ihnen schuldig. Dafür reise ich in Länder wie Afghanistan, Libyen, Syrien und nach Gaza. Nicht, damit ich vom Krieg erzähle, sondern davon, was der Krieg mit den Menschen macht.

In den elf Jahren, die ich diesen Beruf nun schon ausübe, sind mir die verschiedensten Reportertypen begegnet. Augenfällig dabei fand ich immer wieder die Unterschiede zwischen männlichen und weiblichen Berichterstattern. In Syrien erzählte mir ein besonders krasser Fotograf, er habe im Irak US-Soldaten im Panzer begleitet. Stolz zeigte er mir Filme, auf denen Menschen in Panzern wild durch die Gegend schießen. Ich schaute sie an und fragte mich, welchen journalistischen Mehrwert solche Filme und Fotos haben. Was erzählen sie uns, das wir noch nicht wissen? Die deutsche Fotografin Anja Niedringhaus war ebenfalls im Irak, wo sie einen US-Marine fotografierte, der eine Soldatenpuppe als Talisman mit sich trug. Ein Foto, das man, einmal gesehen, nicht mehr vergisst. Ein Foto, das gleichzeitig Fragen beantwortet und stellt. Natürlich sind diese

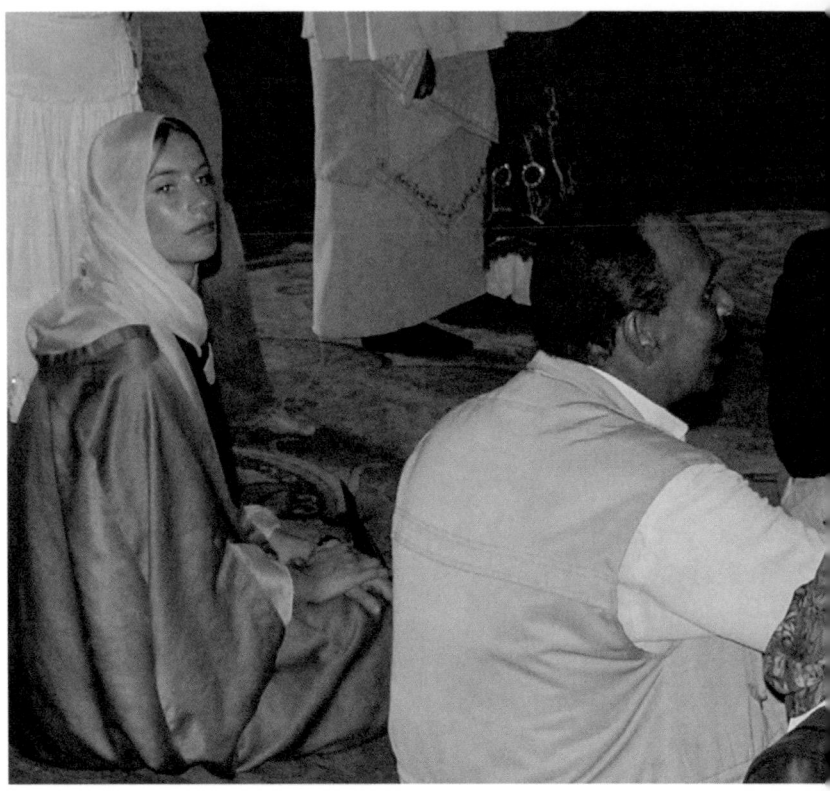

In einer Moschee, Ägypten

Beispiele nicht allgemeingültig, aber vor Ort frage ich mich oft, ob Frauen und Männer einen unterschiedlichen Blick auf die Welt und auf Kriege haben.

Für Niedringhaus und andere Krisenreporterinnen findet der Konflikt nicht nur an der Front statt, sondern in den Menschen, Kämpfern wie Zivilisten. Für diese Frauen ist der Krieg nicht vorbei, wenn die letzte Bombe gefallen ist. Vielmehr fokussieren sie sich auf Langzeitbeobachtungen und stoßen vor ins Innere des Konflikts, machen diejenigen sichtbar, die ansonsten nicht gesehen werden, und diejenigen, die man schnell vergisst. Ihre Herangehensweise empfinde ich als feinfühlig und umfassend – das macht sie meiner Meinung nach auch gefährlicher. Anja Niedringhaus und auch Marie Colvin, zwei meiner Vorbilder, kamen bei ihren Einsätzen ums Leben. Im Gegensatz zu vielen Kollegen, die nach jahrelanger Arbeit in den Krisengebieten dieser Welt abgestumpft und zynisch wurden, hat sich Anja Niedringhaus bis zum Ende Menschlichkeit bewahrt und die Fähigkeit, sich zu entrüsten, zu begeistern, zu trauern über all das, was sie sah.

Ich halte das für eine große Qualität gerade freischaffender Journalisten: ergebnisoffen zu recherchieren, weil sie in keine festen Redaktionsstrukturen eingegliedert sind. Weil sie nicht nach einer bestimmten Geschichte suchen, die sich in dieses oder jenes Format einpassen lässt. Eine Geschichte, die nur die einen als Opfer darstellt und nur die anderen als Täter. Ich habe viele zermürbende Diskussionen mit deutschen Redaktionen hinter mir. Dabei ging es nicht nur um die raren und daher hart umkämpften Sendeplätze. Es ging auch darum, wie ich meine Arbeit zu machen habe. Warum ich beispielsweise den Arzt im zerbombten Krankenhaus nicht nach seinem professionellen Alltag befragt habe, das lerne man doch schon im Volontariat. Ich hingegen fand es wichtiger, von ihm zu hören, was er macht, wenn das Krankenhaus wieder einmal bombardiert würde, während er gerade operierte. Bei solchen Gesprächen merke ich, wie unterschiedlich die Vorstellungen von Redakteuren und freien Journalisten oft sind. Ich kann ihnen nichts für die Schablone liefern. Meine Aufnahmen sind nicht gesucht, nicht gestellt. Sie sind direkt, authentisch und nicht wiederholbar.

Generell finde ich es wichtig, regelmäßig die eigene Arbeits- und Denkweise zu hinterfragen. Ansonsten läuft man Gefahr, in Fallen zu tappen und vermeidbare Fehler zu begehen. Das mussten selbst große Medienhäuser angesichts ihres Umgangs mit dem Irakkrieg erfahren. Damals, 2003, hatten die USA Journalisten aus der ganzen Welt angeboten, ihre Soldaten im Einsatz zu begleiten (»embedded journalism«). Viele folgten der Einladung, und so berichteten alle aus der gleichen Perspektive: der der USA. Die Berichterstattung war unreflektiert, einseitig, parteiisch. Die Gegenseite, die zur »Achse des Bösen« gehörte und als ein »Schurkenstaat« galt, bildete kaum jemand ab. Die Medien mussten sich dem Vorwurf der Kriegstreiberei und dem der Kumpanei mit dem Militär stellen. Im Nachhinein gestanden viele den verheerenden Fehler ein, die *New York Times* veröffentlichte sogar ein »Schuldbekenntnis« auf ihrer Titelseite.

Freie Journalisten können durchaus einen frischen Blick, eine neue Perspektive eröffnen. Die Hierarchie zwischen Festen und Freien allerdings macht das Durchkommen sehr schwer. Dass auch in Deutschland der Umgang mit freien Journalisten vereinzelt respektvoll sein kann, zeigen großartige Kollegen wie Natalie Amiri, die zwischen 2015 und 2020 das ARD-Studio in Teheran leitete. Sie setzt auf Qualität, egal ob sie von einem angestellten oder freien Journalisten stammt. So, wie es sein sollte.

Meiner Erfahrung nach sind es meist Frauen, die sich für Kolleginnen mit relevanten Themen einsetzen. Iris Rothbauer von Telefonica bot mir gleich am Anfang ein Podium auch für schwierige Inhalte. Tanja von Unger reiste mit meinen Bildern von Ausstellung zu Ausstellung und ermöglichte unter anderem mehrere Präsentationen im Auswärtigen Amt. Die Journalistin Alexandra Borchardt lud mich nach Oxford ein, damit ich dort am Reuters Institute for the Study of Journalism über meine Arbeit berichten konnte. In New York sprach ich auf der DLD-Konferenz auf Einladung von Steffi Czerny. Die Kunstberaterin Mon Müllerschön möchte diese Themen vermehrt in der Kunst sehen und setzt sich hier ein.

Natürlich bestätigen Ausnahmen die Regel. Markus Lanz lud mich 2018 in seine Talkshow ein, in der ich über meine Arbeit in

Krisengebieten sprach. Markus Dworak ermöglichte mir eine gigantische Ausstellung im Gebäude der *Süddeutschen Zeitung*. Greg Bergida holte mich an die Northwestern University in Katar. Beim *SZ*-Wirtschaftsgipfel, moderiert von Marc Beise und Ulrich Schäfer, konnte ich meine Erfahrungen teilen und saß abends neben Altkanzler Gerhard Schröder. Mit ihm unterhielt ich mich lange über den Irakkrieg. Eine Boulevardzeitschrift brachte daraufhin ein Foto von uns mit der Frage:»Ist das Schröders neue Freundin? Was wohl Doris dazu sagt?« Gegen die Klatschpresse ist einfach kein Kraut gewachsen.

Ganz unerwartet haben mir also großartige Menschen aus unterschiedlichen Bereichen die Gelegenheit gegeben, über den Ist-Zustand der Regionen, die ich bereiste, zu berichten. Oft sprach ich in vollen Konferenzsälen vor Hunderten von Menschen und bekam immer ein überwältigendes Feedback. Doch was nützt das Prestige nach außen, wenn das System im Innern nicht richtig funktioniert? Die großen Fernsehanstalten greifen gern auf das Material von uns freien Journalisten zurück – jedoch ohne sich um das zu scheren, was damit zusammenhängt. Unter welchen Umständen Bilder vom Krieg überhaupt entstehen können, ist für sie nicht relevant. Ich erhalte für Aufnahmen an der Front in Syrien nicht viel mehr als andere für einen Bericht über ein Stuttgarter Volksfest. Was ich verdiene, stecke ich in die nächste Recherche, zum Ansparen bleibt nichts. Das Reisen in Krisengebiete, in denen keine Flugzeuge mehr landen, keine Infrastruktur mehr funktioniert, ist äußerst kostspielig. Wenn meine Kamera verlorengeht, kann ich vorerst nicht arbeiten, eine ordentliche Ausrüstung ist teuer. Wenn ich einen Arm oder ein Bein verliere, war es das mit meinem Beruf.

Eine objektive Berichterstattung kann einem zuweilen auch

Feinde auf beiden Seiten machen. Der bekannte Schriftsteller Rafik Schami etwa ist mit der Schwester meines Vaters verheiratet. Ich dürfe ihn aber nicht mehr als Onkel bezeichnen. Er hat sich von mir losgesagt, weil ich gegenüber dem syrischen Präsidenten Baschar al-Assad eine angeblich zu verständnisvolle Haltung einnehmen würde. 2011 hatte ich al-Assad bei einem Gespräch unter acht Augen trotz Verbot gefilmt. Das hat mir von beiden Seiten viel Ärger eingebracht. Diese physische Nähe schien der Opposition verwerflich. Der Bundesnachrichtendienst klärte mich wiederum darüber auf, dass ich bei Assad auf der schwarzen Liste stünde und bei Einreise wahrscheinlich sofort im Gefängnis landen würde.

Nach Nordkorea und in den Sudan darf ich auch nicht mehr einreisen.

Erstaunlicherweise bekomme ich seit Jahren auch kein Visum mehr in die USA, wo ich meine eigene Ausstellung der 200 *Frauen* in New York nicht besuchen konnte. Wenn man sich bemüht, möglichst alle Seiten zu zeigen und auch zu Wort kommen zu lassen, um so ein möglichst objektives Bild der Lage zu gewinnen, statt vorschnell in einen bloßen Meinungsjournalismus zu verfallen, findet man sich rasch zwischen allen Stühlen wieder. Das ist eine unbequeme Position. Aber für mein Verständnis von aufklärerischem Journalismus ist es die einzig mögliche.

Gerade in unserem Zeitalter sind vollständige Informationen fundamental wichtig. Schließlich geht es um Krieg und Frieden. Um Leben und Tod. Ein Konflikt in der arabischen Welt kann schon sehr bald einen europäischen auslösen. Die Welt von heute hat kurze Wege. Alles ist miteinander verbunden. Doch woher kommen die Informationen? Natürlich sollten diese von unabhängigen Berichterstattern vor Ort generiert werden und nicht aus dem Flüchtlingslager im Nachbarland oder aus dem sicheren Büro in Berlin. Doch dass sich die Menschen unter Lebensgefahr in diesen Ländern

Interview mit Rebellen

bewegen, von den Einsätzen oft Traumata davontragen, das interessiert die Abnehmer wenig. Langfristig bringen sie so ihre Quelle zum Versiegen. Die belastenden Langzeitfolgen sind ein Tabu in der Branche. Niemand redet hier gerne über Panikattacken, Flashbacks, Schlafstörungen, Angstzustände, die einen jahrelang begleiten, vielleicht für immer.

Viele meiner Kollegen leiden unter einer posttraumatischen Belastungsstörung. Ganz ähnlich den Soldaten, die vom Krieg heimkehren. Möglicherweise werden diese Traumata sogar von einer Generation auf die nächste weitergegeben. Die schweren psychischen Langzeitfolgen von traumatischen Erfahrungen wurden erstmals nach dem Vietnamkrieg richtig erkannt. Die unsichtbaren Wunden des »Post Vietnam Syndrome« wurden erforscht, und schließlich avancierte die »posttraumatische Belastungsstörung« zu einer offiziell anerkannten Diagnose.

Im Jahr 2012 sind mehr amerikanische Soldaten durch Suizid gestorben als durch Kampfhandlungen in Afghanistan. Wie ein Virus erfasst die posttraumatische Belastungsstörung diese Berufsgruppe. Und auch Journalisten, die in diesen Gebieten unterwegs sind. Unter Kollegen tauscht man sich nicht viel darüber aus. Zum ersten Mal habe ich 2016 mit Carsten Stormer, ebenfalls Krisen- und Kriegsreporter, darüber gesprochen. Da hatte ich schon sechs Jahre im Job hinter mir. Die wenigen Journalisten in Krisengebieten kennen einander, zumindest vom Hörensagen. Bei meinen Recherchen begegnen sie mir fast täglich, in Bildern oder Texten. Mit den Jahren ist unser Kreis kleiner geworden, weil einige nicht von ihren Einsätzen zurückgekehrt sind. Tim Hetherington und Chris Hondros wurden 2011 in Libyen umgebracht. Marie Colvin und der Fotograf Rémi Ochlik wurden 2012 in Syrien bei einem Artillerieangriff getötet, Anja Niedringhaus wurde 2014 in Afghanistan erschossen, James Foley wenige Monate später in Syrien vom IS enthauptet. Diese Journalisten sind – wie die unzähligen einheimischen Berichterstatter – nicht auf natürliche Weise gestorben, sie wurden ermordet.

Bei jedem Einsatz begleitet mich natürlich die Angst. Doch ich habe gelernt, sie zu überwinden, denn die Geschichten der Unsichtbaren liegen jenseits der Angst. Auch mich hätte es in Libyen treffen sollen. Vom Tod umzingelt zu sein, ist für viele zum Normalzustand geworden. Doch meine Familie und Freunde erinnern mich daran, dass dies alles andere als normal ist. Dass man an das Leben denken soll und nicht an den Tod. Sie sind es, die mich nach den Reisen auffangen. Hätte ich nicht dieses stabile Netz an emotional großzügigen Menschen – ich wäre tief gefallen.

Während man in Krisengebieten unterwegs ist, geht es manchmal nur ums Überleben, Körper und Geist sind im Ausnahmezu-

In einer Frachtmaschine über dem Südsudan

stand. Das Leben, das unter der akuten Gefahr einem so kostbar ist, kann bei der Rückkehr plötzlich nicht mehr so wertvoll erscheinen. Bei vielen breitet sich eine tiefe Leere aus, eine Unzufriedenheit mit allem und vor allem mit einem selbst. Auch in mir lösten die Angriffe eine emotionale Versteinerung aus.

Meine Kollegen berichteten, dass sich ihr Leben dann dumpf, wie in Watte gepackt anfühle. Dass nichts mehr zu ihnen durchdringen kann. Viele sind in dieser Phase kaum noch in der Lage, Beziehungen zu anderen Menschen aufzunehmen und soziale Kontakte zu pflegen. Erst geht der Bezug zur Außenwelt verloren und dann schwindet der zur Innenwelt.

Balkan

Bei mir war es zum Beispiel so, dass mich Menschen verstört anblickten, wenn ich furchtbare Geschichten vom Krieg berichtete und dabei lächeln musste – nicht etwa, weil ich sie lustig fand, sondern weil mein Hirn mit dem Erlebten offenbar überfordert war. Ich schämte mich wahnsinnig in diesen Momenten. Es war mir einfach nicht möglich, meine wahren Emotionen auszudrücken.

Es ist diese Fremdheit in der eigenen Welt, weshalb viele Kriegsreporter keine Beziehungen oder Freundschaften aufrechterhalten können. Viele Kollegen sind geschieden, flüchten sich in Drogen oder Alkohol, um sich abzulenken. Andere stürzen sich so schnell wie möglich wieder in den Ausnahmezustand, reisen zurück in den Krieg, zurück zu den Gleichgesinnten. Sie brauchen den Adrenalinkick, das Wissen, am Leben zu sein, das sie zu Hause nicht mehr spüren. So riskieren sie jedes Mal mehr und begeben sich in Gefahr. Auch ich habe die Arbeit eine Zeit lang bis zum Äußersten getrieben. Bin von Ägypten nach Libyen, dann zurück nach Ägypten, nach Syrien, wieder nach Libyen, den Gazastreifen und in den Südsudan gezogen. Immer gehetzt, immer unter Gefahr. Es war alles andere als vernünftig, doch damals war ich im übermächtigen Sog gefangen.

Zurück in Deutschland stürzte ich mich in Arbeit; um keine dunklen Gedanken aufkommen zu lassen, konnte es nie genug sein. Ich arbeitete bis zur völligen Erschöpfung, zögerte das Arbeitsende dennoch immer weiter hinaus, damit die Nacht möglichst kurz war. Der Tag beschützte mich vor ihr, die mir zur größten Feindin wurde.

Während sich andere schlafen legen und ruhen, fangen meine Kämpfe an. Sobald ich entspanne, verliere ich die Kontrolle, und der Abgrund tut sich auf. Tagsüber beschäftige ich mich mit Orten, die die Welt ignoriert. Nachts taucht mein Unterbewusstsein an die Orte, die ich ignorieren möchte.

Manchmal jedoch taucht inmitten meiner nächtlichen Kämpfe mit mir selbst auch eine Erkenntnis auf, eine Idee oder Lösung für ein Problem. Die Kreativität entspringt bekanntlich Orten, die man nicht kennt.

Mich plagen die Bilder, die sich in meinem Kopf festgesetzt haben, aber noch mehr empört mich die Ungerechtigkeit der Welt. Dass skrupellose Menschen mit ihren Entscheidungen unzählige unschuldige Opfer in Kauf nehmen. Einige meiner Kollegen wirken auf mich inzwischen regelrecht abgestumpft; für sie zählen ein paar Tote mehr oder weniger nicht, vielmehr betrachten sie sie als bedauerlichen, aber unvermeidlichen »Kollateralschaden« eines jeden Kriegs.

Machtmissbrauch halte ich für böse. Aber ebenso die Indifferenz, mit der wir dem Bösen begegnen.

Warum aber übt man diesen Beruf überhaupt aus? Heutzutage gibt es nicht viele gute Gründe, sich für den Journalismus zu entscheiden. Die Bezahlung und die Arbeitsbedingungen sind es sicher nicht. Es kann nur die innere Berufung sein, verbunden mit einem starken Interesse an der Welt und der Empathie für ihre Bewohner. Nur sie treibt Journalisten in versteckte Winkel der Erde, um Informationen zu sammeln, an die sonst niemand herankäme, und sie der Allgemeinheit zur Verfügung zu stellen. Deshalb muss ihr Tatendrang geschützt und gefördert werden. Indem sie den Namenlosen ein Gesicht geben und blanke Fakten mit einem Gefühl verbinden, tragen sie nicht nur zum Informationszuwachs bei, sondern leisten auch einen großen Beitrag zur Völkerverständigung. Das Wissen übereinander ist die einzige Brücke zwischen den Völkern. Wenn sie bricht, ist der Weg zum gegenseitigen Verständnis versperrt, weil die anderen einem fremd bleiben bzw. werden.

In unserer freien Gesellschaft haben wir die Möglichkeit und auch die Pflicht, autonom, objektiv und vor allem interessengelöst zu recherchieren, Wissen zu generieren, Daten zusammenzutragen und damit Fehlinformationen zu bekämpfen. Doch dafür braucht es engagierte Leute, die Ideen haben, Potenzial erkennen und es unterstützen.

Sie sind mir bisher in überschaubarer Zahl begegnet. Aber für die Begegnungen mit diesen wenigen Menschen bin ich umso dankbarer.

Die Verlegerin Elisabeth Sandmann hat mir in dunklen Zeiten diesen Sauerstoff in die Lungen gepumpt. Sie hat mich unterstützt, bestärkt in meiner Arbeit und mich aufgenommen in ihre Bücher *200 Frauen – Was uns bewegt. Frauen, die den Blick auf unsere Welt verändern* sowie *30 Frauen, die Mut machen*. Bei der Buchvorstellung in München traf ich andere großartige Menschen, die in diesen Publikationen ihre Geschichte erzählen. Ich lernte Diane Foley kennen, die Mutter des getöteten Journalisten James Foley, traf die Fotografin Nicole Tung, die mit ihm in Syrien unterwegs war, und eine weitere Kollegin aus Südafrika, die den Fotografen Anton Hammerl kannte, der 2011 durch einen Bauchschuss in Libyen umkam – dort, wo ich kurz zuvor den Angriff knapp überlebt hatte. Wir standen plötzlich gemeinsam auf einer Bühne. Diesmal fotografierten nicht wir, sondern wurden selbst abgelichtet und zu Interviews gebeten. Niemand der Außenstehenden wusste, welches Band uns vereinte. Einmal mehr wurde mir bewusst, wie unglaublich klein die Welt ist und dass man diesen Beruf nicht einfach ablegen kann.

Ich will es auch nicht. Vielmehr möchte ich meine Erfahrung an andere weitergeben, sie auf ihrem Weg ermutigen, ihnen zeigen, wie bedeutend unabhängiger Journalismus ist. An der North Western University in Katar, wo ich als Gastdozentin arbeitete, lernte ich von meinen Studenten mindestens genauso viel wie sie von mir. Viele von ihnen kommen aus Kriegsgebieten wie Somalia, Libyen, Sudan, aus Diktaturen, in denen Journalisten verfolgt oder getötet werden. Dennoch kämpfen sie für eine freie Presse, für Unabhängigkeit im Denken. In einem Netzwerk aus Gleichgesinnten wollen sie sich gegenseitig unterstützen und Informationen an die Öffentlichkeit bringen. Sie gehen mit leuchtendem Beispiel voraus. Sie geben mir Hoffnung für die Zukunft dieses Berufes, der trotz aller Beschwernisse unendlich wichtig ist.

Die Gabe der Großmütigen

Libyen, Juni 2011

Von Kairo aus fahren wir mit dem Auto über die Grenze nach Libyen. Drei Monate sind seit dem Anschlag auf uns in der Wüste an jenem 14. März 2011 vergangen. Mit Jürgen, für den ich zu diesem Zeitpunkt arbeite, will ich dorthin zurück. An den Ort, wo wir nur knapp überlebten, während der großartige Mensch Abdul Latif umkam.

Auf dieser Reise wollen wir seine Familie besuchen, ihr von der Zeit berichten, die er mit uns verbracht hat. Ich habe für sie einen Film zusammengestellt, der die letzten Tage seines Lebens zeigt.

Bei der Einreise fallen mir die vielen Menschen auf, die noch immer an der Grenze in Decken gehüllt auf dem Boden ausharren. Die Dörfer, die wir passieren, wirken verkommener als noch vor drei Monaten. Überall säumt Müll den Boden. Als ich in Bengasi das Hotel betrete, lächelt eine junge Frau von einem Plakat, darüber steht »Vermisst«. Ich kenne das Gesicht, es gehört Clare Morgana Gillis, einer amerikanischen Journalistin, die mich am Tag nach dem Anschlag um ein Interview bat. Als sie erwähnte, auch sie wolle nach Brega fahren, warnte ich sie eindringlich: »Sie werden dich umbringen, wenn du das tust.«

Ich betrachte ihr Foto und frage mich, was mit ihr geschehen ist. Monate später erfahre ich, dass sie überlebt hat. In einem Interview erzählt sie, am 5. April 2011, einige Tage nach unserem Gespräch, sei sie mit drei Kollegen aufgebrochen.

James Foley, dessen Enthauptung Jahre später durch alle Nachrichtensender der Welt flimmert, war auch dabei. Vor Brega wurde die kleine Gruppe von Gaddafis Truppen überrascht. Den Fotografen Anton Hammerl traf ein Schuss in den Bauch. Clare und die anderen wurden gefesselt auf einem Pick-up weggebracht. »Help«, rief Anton dem Wagen hinterher, doch er wurde verletzt in der Wüste zurückgelassen und starb einen qualvollen Tod. Die anderen verbrachten mehrere Wochen in einem Gefängnis in Tripolis, bevor sie schließlich freikamen. Clare hatte großes Glück.

Von außen ist meine Entscheidung, nach Libyen zurückzukehren, nur schwer nachvollziehbar. Ich bin überzeugt davon, dass ich den Angriff im März nur durch Zufall überlebt habe. Seitdem existiere ich in einer Art Paralleluniversum. Meinen Körper sehe ich leblos in der Wüste liegen, neben den Überresten der anderen, die diesen Tag nicht überlebt haben.

Abdul Latif und die Familien, die mir gerade noch zugewinkt hatten. Ich müsste doch dankbar sein, dass ich davongekommen bin, müsste jeden Moment, der mir geschenkt wird, genießen. Stattdessen fühle ich mich schlecht, weil ich weiterleben darf. Ich bin mir sicher, dass es auch mein Schicksal ist, dort auf diese Weise zu sterben. Und dass ich diesem Schicksal nicht entrinnen kann. Eine nur schwer beschreibbare Logik in der Einsamkeit.

Ich laufe durch das Hotel, das noch schmutziger wirkt als beim letzten Besuch. Die Reinigung haben früher überwiegend die Gastarbeiter übernommen, die Gaddafi einst ins Land geholt hatte. Die meisten haben schlagartig ihren Job quittiert. Für sie ist es hier zu gefährlich geworden. Viele von ihnen stecken nun an der Grenze fest, wie Treibgut im Niemandsland zwischen Libyen und Ägypten. Keines der beiden Länder kümmert sich um sie. Ihnen sind diese Heimatlosen egal. Auch diese Nacht werden viele von ihnen im Freien übernachten

Am nächsten Morgen lerne ich beim Frühstück Chris kennen, einen Engländer, der bei Qatar Airways arbeitet. Ich frage ihn, wie die Lage sei, nachdem der Luftraum zur Flugverbotszone erklärt wurde und die Nato am 19. März Gaddafis viele Kilometer langen Tross bombardiert hatte. Ein Lächeln huscht über Chris' Gesicht. Das Verbot, sagt er, gelte nur für Gaddafi. Für die Gegenseite würden weiterhin Waffen und Unterstützer eingeflogen, darunter arabische und französische Eliteeinheiten, die in kleinen Zentren die Rebellen ausbilden.

Vor dem Nato-Bombardement sei er gewarnt worden, meint Chris. Kurz bevor ein alles vernichtender Bombenteppich über Gaddafis Tross gelegt wurde, habe er sich ins Auto gesetzt, sei stadtauswärts gefahren, habe ein Sandwich zu sich genommen, um dann nach einer Viertelstunde wieder zurück nach Bengasi zu sausen. Ich kann es kaum fassen, mit welch gleichgültiger Abgebrühtheit er mir das erzählt. Während tausende Menschen getötet wurden, ließ er sich in sicherer Entfernung ein Toast schmecken. Deshalb hasse ich den Krieg. Weil er aus Menschen gefühlskalte Zyniker macht.

Er könne mir Überreste des Angriffs zeigen, sagt er und bricht mit mir in Richtung Westen auf. Kilometer um Kilometer fahren wir an ausgebrannten Panzern, Lastwagen, Autos vorbei. Riesige Karosserie- und Waffenteile liegen wie Ruinen in der Wüste. Wir stehen an einem Massengrab. Ich bin schockiert, möchte mir nicht vorstellen, wie man in so kurzer Zeit alles vernichten kann, was sich bewegt. Kein Mensch sollte überleben. Es muss die Hölle gewesen sein. Ich sehe, wie ein paar Männer sich an den Wracks zu schaffen machen. Was sie da tun, frage ich Chris. Wieder ein abschätziges Lächeln. Ägyptische Arbeiter, die Metallteile abbauen. Wie dumm, wo doch jeder wisse, dass die uranverseucht seien.

Auf der Rückfahrt nach Bengasi fallen mir viele Rebellen in Uniform auf. Mittlerweile verfolgen sie nicht mehr nur ihre eigenen Interessen, sondern auch die der Länder, von denen sie Unterstützung erhalten. Die Stimmung im Land ist angespannter als noch im März.

Abdul Latifs Sohn Haidun ist ins Hotel gekommen. Er kann nicht glauben, dass man freiwillig an diesen Ort zurückkehrt. Nachmittags machen wir uns auf zu Abdul Latifs Familie, die uns herzlich willkommen heißt. Latifs Bruder Ahmed ist zu Tränen gerührt.

Ich werde gebeten, mich landestypisch zu den Frauen zu gesellen. Doch ich bitte sie, mich die Gespräche im Männerraum mitverfolgen zu lassen. Hier sitzen wir nun im Kreis zusammen und reden über Abdul, den Weisen, den Großzügigen, den schmerzlich Vermissten. Ich lege den Film ein, der die letzten Tage seines Lebens zeigt. Die Trauer im Raum ist fast mit den Händen zu greifen, die Männer senken beim Anblick der Bilder trauernd die Köpfe, ein Junge verlässt weinend den Raum. Die Aufnahmen zeigen einen Mann voller Energie und Zuversicht. Der 54-Jährige war der Anker der Familie, ein Macher, klug und gebildet.

Die Mutter, am Boden sitzend, weint im Schmerz um den verlorenen Sohn. »Ich wünschte, er hätte noch mehr für Sie getan. Sie und die anderen sind am Leben. Das ist viel wert. Das ist der Wille Gottes. Mein Sohn hat in Würde gelebt und ist in Würde gestorben.« Sie hofft, dass niemandem mehr Schaden zugefügt wird. Weder Freund noch Feind.

Tief berührt verlasse ich den Raum. »Weder Freund noch Feind.« In diesem Moment des größten Schmerzes durchbricht sie den ewigen, selbstzerstörerischen Kreislauf der Rache und reicht den Feinden die Hand. Sie, die Mutter, Opfer eines Krieges, den sie nicht begonnen hatte, den sie nie wollte. Sie ist es, die den größtmöglichen Preis bezahlt. Doch sie als Mutter weiß, dass es nur einen einzigen Ausweg aus der Zerstörungswut eines Bürgerkriegs gibt, und offenbart uns diese Gabe, die nur den Großmütigen vorbehalten ist. Die Gabe, als Erste zu verzeihen. Ein tiefes Gefühl der Demut überkommt mich.

Noch nie habe ich so gastfreundliche Menschen getroffen wie

sie und ihre Familie. Auf unserer Reise lädt sie uns mehrfach in ihr Haus ein und will so viel Zeit wie möglich mit uns verbringen. Abdul Latifs Witwe ist besonders nett zu mir und schenkt mir ihr Lieblingsparfum. Wir umarmen uns zum Abschied, und ich hoffe sehr, dass wir uns bald wiedersehen.

Abends bekomme ich einen Stick, auf dem sich Fotos und Videos befinden. Die Aufnahmen der Kamera wurden bei einem toten Soldaten Gaddafis gefunden. Als ich die Daten auf meinen Computer übertrage, traue ich meinen Augen kaum. Es handelt sich um ein Foto-/Video-Tagebuch, ähnlich wie dem meinen, nur von der anderen Seite. Gaddafis Seite.

Ein sympathisch aussehender junger Mann fotografiert seine Umgebung und macht Selfies. Seiner guten Laune nach zu urteilen, betrachtet er das ganze Unterfangen eher als ein Abenteuer. Er denkt, dass er auf der richtigen Seite der Geschichte steht. Auf den Bildern sehe ich, wie Ras Lanuf eingenommen wird. Erst wird diese Kleinstadt bombardiert, dann stürmen Kämpfer in die Häuser und ziehen diejenigen zur Rechenschaft, die nicht fliehen konnten oder wollten.

Ein junger Mann, sympathisch aussehend, ähnlich gekleidet wie unser Soldat, wird auf die Straße gezerrt. Seine Hände sind auf dem Rücken gefesselt. Seine Nase blutet. Ein maskierter Mann schubst ihn – wahrscheinlich zu seiner Hinrichtung. Einen kurzen Moment sucht er den Blick in die Kamera.

Auf einem anderen Bild liegt ein angeschossener Rebell auf dem Boden. Ich sehe Bilder von Menschen, deren Körper halbiert sind. Ihre verkrümmten Leichen liegen im Sand. Die Aufnahmen werden immer brutaler.

Die Leichtigkeit des Filmers ist verschwunden. Sobald ein Ort eingenommen wird, werden die aufgemalten Flaggen der Rebellen

Frontbesuch von Mutassim Gaddafi. Filmstill aus einem uns zugespielten Video eines unbekannten libyschen Soldaten

überpinselt. Überall Schüsse, Staub, Leichen. Der Gesichtsausdruck des jungen Soldaten ist nun ganz anders. Es scheint, als habe er erst jetzt begriffen, was es bedeutet, dem Tod zu begegnen.

Ein Geländewagen trifft ein. Heraus springt ein vermummter Mann, der mit seinem Auftreten auffällt und mit seiner Größe alle übertrifft. Es handelt sich um niemand anderen als Mutassim Gaddafi. Er ist der Befehlshaber des Trosses. Mit dieser »Motivation« ist die Rückeroberung Bengasis durch Gaddafis Truppen zum Greifen nahe. Abends erreichen sie ein Zwischenziel, wo sie die Öltanks in Brand setzen. Es schaut aus wie Brega. Ist es das gleiche Feuer, das ich in der Schicksalsnacht gesehen habe? Ich weiß es nicht. Ich weiß nur, dass der Filmer wider Erwarten nicht überlebt hat und ich wider Erwarten schon.

Video-Tagebuch des unbekannten Soldaten, im Hintergrund die brennenden Öltanks

Nachdem ich das irritierende Material auf meinen Computer übertragen habe, gebe ich den Stick vor dem Hotel zurück. Heute, am 13. Juni 2011, sind Außenminister Guido Westerwelle und Entwicklungsminister Dirk Niebel zu Besuch in Bengasi, lese ich auf einer kleinen Tafel in der Lobby. Eine mutige Entscheidung, ist Westerwelle doch einer der wenigen Repräsentanten eines westlichen Landes, die sich gegen ein militärisches Vorgehen gegen Gaddafi positionieren. In dieser Stadt bringt ihm das keine Sympathiewerte ein, im Gegenteil. Vor dem Hotel, in dem er eine Pressekonferenz gibt, wachen grimmige Männer mit Kalaschnikows, die Taschen der Besucher werden durchleuchtet wie am Flughafen.

Westerwelle spricht sich für eine humanitäre Luftbrücke aus und akzeptiert den Übergangsrat als legitime Vertretung des libyschen

Volkes. Der Entwicklungsminister steht mit angespannter Miene neben ihm und schaut mich prüfend an, da ich eine der wenigen westlich wirkenden Personen im Raum bin. Das Gebäude ist voll von Bewaffneten. Ich sehe ihm seine Nervosität ob der riskanten Sicherheitslage an. Drei Jahre später wird Dirk Niebel als Berater für den deutschen Rüstungskonzern Rheinmetall arbeiten.

Zurück im Hotel treffe ich einen jungen Briten, Christopher, der eigenen Angaben zufolge mit Prinz William an der Elitehochschule St. Andrews studiert hat und nun für einen Think Tank arbeitet. Wie man vierzig Jahre als Volk zusammenleben könne, frage ich ihn, das Gleiche esse, die gleiche Musik höre, die gleiche Biografie habe – um dann ohne zu zögern seine Brüder zu töten. »Ganz einfach«, antwortet Christopher. »MICE.« Das Akronym, das übersetzt Mäuse bedeutet, stehe für: Money, Ideology, Corruption, Ego. Geld, Ideologie, Korruption, Ego. Menschen seien wie Labormäuse, man müsse nur den richtigen Knopf drücken, dann reagierten sie. Geld ist immer eine gute Motivation. Wenn das nicht funktioniere, dann bewege Religion oder moralische Überlegenheitsgefühle Menschen dazu, sich ideologisch zu positionieren. Ansonsten reiche die Korruption von unbürokratischen Karrieresprüngen bis hin zur Erpressung. Wenn man ihnen etwa einen Posten im Post-Gaddafi-Regime verspreche, fühle sich ihr Ego gestreichelt. Dann täten sie, was man von ihnen verlange.

Wieder entsetzt mich, wie man den Wert eines Lebens so abtun kann. Dass Christopher gelernt hat, Menschen mit Tieren gleichzusetzen, die Instinkten folgen und deshalb manipulierbar sind. Ich will nicht glauben, dass Menschen so einfach über einen Knopf steuerbar sind, dass sie sich gegenseitig wie Labormäuse behandeln.

Personen aus dem Westen, denen ich auf meinen Reisen in Krisengebieten begegne, sind mir nicht selten suspekt. Immer wieder fällt mir auf, wie routiniert und teilnahmslos sie auf das Kriegsgeschehen blicken und auf die Menschen, die darunter leiden. Nie weiß ich, in welcher Mission sie unterwegs sind, ob sie für einen Geheimdienst arbeiten oder ob sie viel Geld mit anderen suspekten Aufträgen verdienen. Ich halte mich lieber von ihnen fern, kann mich nicht damit abfinden, dass Menschen vom Leid eines ganzen Landes profitieren. Es gibt Menschen, die Gutes, und Menschen, die Schlechtes tun, überall und gerade im Krieg. Aber kein Mitgefühl zu haben, keinen Funken Menschlichkeit in sich zu tragen, das halte ich für das wirklich Böse.

Wieder sind wir bei Abdul Latifs Familie eingeladen. Die Frauen haben gekocht und die besten Köstlichkeiten für die Gäste bereitet. Ahmed führt uns in Abdul Latifs Zimmer, das seit seinem Tod verschlossen war. Der kleine Raum quillt über von Büchern. Es scheinen mir an die tausend Exemplare zu sein. Eins hat den Titel *Fix It, Clean It and Make It Last*. Ahmed zieht drei Bücher aus einem Regal heraus. Ich komme aus dem Staunen nicht heraus: Abdul Latif hat Nietzsche, Goethe und Heidegger gelesen.

Wir gehen mit Ahmed zum Tahrir-Platz. Vor ein paar Monaten führte uns sein Bruder selbst noch hier herum. Damals waren am Platz nur wenige Bilder von »Märtyrern« zu sehen. Heute hängen Dutzende Plakate an den Wänden. Von einem schaut nun Abdul Latif herab.

Die Tage mit der herzlichen Familie waren voller Wärme und Großzügigkeit. Es wäre ein guter Anlass, sich nun dem Positiven zuzuwenden, doch noch immer verspüre ich den Drang, zurück nach Brega, dem Ort des Anschlags, zu fahren. Dorthin, wo mich mein Schicksal endgültig einholen kann. Doch niemand ist bereit, uns dorthin zu bringen. Zu gefährlich sei es, ins »Tal der Flammen« zu fahren, wo erneut Kämpfe entfacht wurden. So verlasse ich Libyen und bin noch immer am Leben.

Bei den Warlords – Reise ins Herz der Finsternis

Kongo, Sommer 2015

Das Brennen in meinem Unterleib wird stärker. Es ist kalt, dunkel, klamm, die Filzdecke steif vor Dreck. Immerhin liege ich auf trockenem Bast und habe ein Strohdach über dem Kopf. Vor einigen Stunden dachte ich noch, wir müssten ohne Schutz im Dschungel schlafen. Das versetzte mich in Panik.

Aber wir haben es in das Dorf geschafft, ein Huhn geköpft und gegessen. Gegen Mitternacht kamen die Männer mit den Gewehren. Anderen bringen sie den Tod, uns Schutz. Sie umstellten die Hütte. Der Kriegsfürst Feroce, »der Wilde«, hat sie geschickt. Er erwartet uns morgen.

Die Wachen drehen das Radio auf volle Lautstärke. Ich schätze, sie trinken viel Alkohol. Schützling hin oder her, ich wage mich nicht hinaus. Ich befinde mich im Osten Kongos, im Rebellengebiet. In keinem Landstrich der Welt werden mehr Frauen vergewaltigt. Gekrümmt ertrage ich das Brennen. Ich ahne nicht, dass ich bald mit hohem Fieber und einer Nierenbeckenentzündung im Krankenhaus liegen werde.

Meine Freunde und meine Familie fanden diese Reise gar nicht gut. Was will ich als Weiße, Mitte dreißig und unbewaffnet, in einem Gebiet, in das sich nicht mal UN-Soldaten trauen? In einem Land mit einem Krieg, den niemand mehr versteht? In weniger als zwei Dekaden starben im Kongo etwa fünfeinhalb Millionen Menschen, sie wurden getötet oder sind verhungert – der mörderischste

Konflikt seit 1945. Auch die Gewalt gegen Frauen ist in diesem Land ungeheuer. Die Vereinten Nationen nannten den Kongo die Welt-Hochburg der Vergewaltigung. Zahllose Frauen sind in dem Krieg vergewaltigt worden. Vorsichtige Schätzungen gehen von weit mehr als einer halben Million aus. Im Ostkongo soll es jede dritte Frau getroffen haben. Wie kann das sein? Warum wird das den Frauen angetan? Wer sind sie? Wie verändert es ihr Leben, das Land?

Beim Anflug auf Goma sitzen wir zu zweit im Flugzeug. Der Filmemacher Marcel Mettelsiefen begleitet mich. Ich freue mich auf Hortense. Am Flughafen wartet sie schon. Sie schreit und fuchtelt mit ihren Krücken. Doch das ist keine Begrüßung. Damit hält sie uns korrupte Zollbeamte vom Leib. Ich kenne sie seit Jahren. Sie ist bekannt in Goma. Die Beine lahm, eine scheinbar schwache Frau, holt sie Bettelkinder von der Straße und prägt das Leben so vieler in dieser Stadt.

Hortense wohnt oben am Hang, bei den Armen, zwischen Lavageröll. Als sie zwei Jahre alt war, erkrankte sie an Kinderlähmung. Ihre Krücken und Orthesen bremsen sie nicht. »Das Leben tut dir keinen Gefallen«, sagt sie. »Du musst dich anstrengen.« Das sagte sie auch, als vor vierzehn Jahren der Vulkan ausbrach. Vierhunderttausend Menschen mussten fliehen, auch Hortense verlor alles. »Es ist eben ein Kampf, das Leben«, sagt sie. Und geht jeden Tag zu den Bettelkindern der Stadt. »Warum bist du nicht in der Schule?«, fragt sie. Die Antwort ist meistens: »Die Eltern haben mich hergeschickt.« Dann humpelt Hortense zu den Eltern und hört, dass sie kein Geld haben. Der Krieg ist schuld, Hortense hasst ihn.

Seit zwei Jahrzehnten schwelt und flammt er, zwischenzeitlich nannte man ihn »Afrikas Weltkrieg«. Es ist ein Konflikt zwischen rund dreißig bewaffneten Gruppen im Osten des Kongo. Worum es geht, lässt sich kaum mehr sagen, unter anderem um Rohstoffe wie Kupfer und Coltan, aus dem das Metall Tantal gewonnen wird, das für die Herstellung von Mobiltelefonen unverzichtbar ist. Dazu ist der Krieg eine Folge des Völkermordes im Nachbarland Ruanda, wo 1994 die Hutu-Mehrheit mehr als achthunderttausend Tutsi tötete. Viele der Täter flohen in den Kongo und wurden hier wiederum von Tutsi-Rebellen gejagt. Es ist ein einziges Unheil.

Hortense will es nicht hinnehmen und tut, was sie kann, im Kleinen. Deswegen geht sie zu den Kindern. »Bildung verändert alles«, sagt sie. Und sie bringt sie in die Schulen und redet und nervt und sammelt Spenden, bis sie am Unterricht teilnehmen dürfen. Es ist ihr Kampf gegen den Krieg. Sie schafft Zukunft. Und sie ist die beste Gastgeberin, die ich kenne.

Wir beginnen in ihrem Häuschen, die Expedition zu planen. Ein Mitarbeiter der Vereinten Nationen hat folgende Ratschläge: die Reise unterlassen. Oder mit einem Hubschrauber über den Dschungel fliegen. Auf keinen Fall mit dem Auto fahren. Falls doch, nur mit bewaffnetem Rückhalt und GPS. Und keinem einheimischen Führer trauen.

Unser einheimischer Führer, Horeb, kommt zur ersten Besprechung eine Stunde zu spät. Das gefällt mir gar nicht. Vor ein paar Wochen hatte ich ihn per E-Mail beauftragt, mich ins Niemandsland und zu den Rebellen zu bringen. Neben den Frauen will ich auch einen Kriegsfürsten treffen. Die Kriegsfürsten nennen ihre Gebiete Königreiche. »Ein Warlord«, sagt Horeb, »ist aber mehr als ein König. Er ist alles für seine Leute, er sichert ihr nacktes Überleben.«

Für Fahrten ins Kriegsgebiet gibt es selten die perfekte Gelegenheit, also warten wir. Dann hören wir von Kämpfen zwischen Regierungstruppen und Rebellen in einem fernen Gebiet. Wir gehen davon aus, dass die Armee nicht auch noch die Rebellen in unserem Zielgebiet angreift. Über Mittelsmänner lässt uns der Kriegsfürst Feroce ausrichten, er erwarte uns. Jetzt, wo es konkret wird, bekomme ich Bedenken. Bei all meinen Reisen überkommen mich diese

Schübe. Die Schauergeschichten rasen mir durch den Kopf. Manchmal ist die Angst ein guter Ratgeber, manchmal muss man sie abschütteln.

Hortenses ganze Familie hilft uns, das Auto zu beladen. Ein paar Kilo Reis, ein Plastikbehälter für die Notdurft und eine Autobatterie für die Stromversorgung. Wir verabschieden uns und fahren durch bunte Dörfer, vorbei an einem grünen See. Mit Bananenstauden beladene Frauen und Kinder grüßen uns neugierig. Neben den traditionellen Hütten sehen wir Behausungen aus Plastikplanen. Hier wohnen die Bauern, die vor den Gräueltaten der Rebellen geflohen sind. Es ist ein seltsames Gefühl, dorthin zu fahren, woher sie gekommen sind. Ein defekter Lastwagen blockiert die Bergstraße. Auch ein entgegenkommender UN-Tross muss warten. Wie es mit der Sicherheit aussieht, fragen wir. Bis nach Masisi sollte es in Ordnung sein. Wir erreichen die Stadt am Abend und schlafen in einem Kloster. Hier gibt es nur selten Gäste. Der Abt überlässt mir sein gebrauchtes Bett.

Wie in jedem Kloster wird man auch hier zu unchristlicher Zeit geweckt. Nach dem Frühstück mit den Brüdern brechen wir auf zu den Rebellen. Die neblige Hügellandschaft ist irrsinnig schön. Das saftige Grün und die schwarz-weiß gescheckten Kühe erinnern an die Schweizer Berge. Im Auto verpflichtet Horeb mich zu bestimmten Verhaltensregeln: »Wenn ein Kommandant spricht, bist du still, Julia. Du bist hier nicht in Deutschland. Du bist mitten im verdammten Dschungel von Zentralafrika.«

Vor uns liegt die letzte UN-Station. Wir sind am äußersten Rand des Gebiets, das die Regierung kontrolliert. Mitarbeiter heben einen Graben aus und sichern alte Mauern mit Stacheldraht. Sie schützen nicht die Bevölkerung, sondern sie schützen sich selbst, sagt unser Fahrer. Wir stoßen ins Niemandsland vor. Dieses Gebiet ist eine Pufferzone. Auf den ersten Blick schaut alles friedlich aus. Männer mit Macheten begegnen uns, nichts Ungewöhnliches, die Machete ist hier der dritte Arm. Ein Mopedfahrer hält den Wagen an und spricht mit Horeb. »Da vorne ist etwas Schlimmes passiert«, übersetzt Horeb. »Eine Frau wurde auf dieser Straße …« Er zögert, drückt sich davor, es auszusprechen. »Man fürchtet, sie wurde vergewaltigt.«

Wir fahren weiter. Hinter jeder Kurve stehen Männer, und wir wissen nicht, was sie im Schilde führen. Horeb ruft ihnen belanglose Fragen zu. Er will herausfinden, um wen es sich handelt. Falls sie nicht antworten, sagt er, dann haben wir ein Problem. Aus der Ferne nähern sich drei Gestalten. Sie bleiben stehen und taumeln dann weiter. Ich steige aus und merke erst beim Näherkommen, dass es Frauen sind. Abwechselnd schreien und weinen sie. Erst jetzt verstehe ich, wer da vor mir steht. Es ist das Vergewaltigungsopfer, das sich auf zwei Frauen stützt. Sie streckt uns die Hände entgegen, taumelt, keucht, stöhnt, die anderen Frauen weinen mit ihr. Männer folgen ihnen, Schaulustige.

»Sind Sie verletzt?«

»Sie haben mich geschlagen«, die Frau sackt nach vorn.

»Wir fanden sie nackt«, sagt eine der Frauen.

»Ich bin doch schon so oft diesen Weg gegangen«, sagt die Frau, als hätte sie etwas falsch gemacht. Sie wendet sich ab, in Scham.

Eine Vergewaltigung im Kongo bedeutet nicht nur Schmerz und Trauma. Die Opfer sind stigmatisiert und werden von der Gemeinschaft ausgestoßen. Isolation und Ausgrenzung sind die Todesstrafe in den ländlichen Teilen des Kongo, wo ein Überleben nur in der Gruppe möglich ist. Aber auch in den Städten ist das Leben für vergewaltigte Frauen ein ewiges Gefängnis, ihre Männer verstoßen sie oder können ihnen nicht mehr in die Augen sehen, weil sie sie nicht schützen konnten. Auch leiden die Frauen unter schwer heilenden Verletzungen, oft wurden ihnen Waffen und Stöcke in den Unterleib gestoßen.

Die Täter hingegen leben meist weiter in Freiheit. In seinem Bericht von 2015 klagt Amnesty International über diese Straflosigkeit, die selbst im Regierungsgebiet üblich ist. So gab es einen Prozess wegen einer Massenvergewaltigung in der Stadt Minova: mehr als 130 Frauen und Mädchen, vergewaltigt von Soldaten. »Trotz überwältigender Beweise wurden nur zwei der 39 angeklagten Soldaten wegen Vergewaltigung verurteilt«, erklärt Amnesty International. Im Rebellengebiet gibt es erst gar keine Prozesse. Ab und an lässt ein Warlord einen Vergewaltiger hinrichten.

Unser Eindringen in dieses Gebiet hat sich herumgesprochen. Ein Dutzend Bewaffneter kommt uns entgegen. Der Kriegsfürst Charles hat sie geschickt. Er erwarte unseren Besuch. Jetzt sollen wir also zwei Warlords treffen, die sich gegenseitig mit ihren Gräueltaten übertreffen. Das war nicht der Plan.

Nach einer halben Stunde erreichen wir Holzhütten. Als kleine Machtdemonstration lässt uns Charles warten. Schließlich werden wir auf einen Hügel eskortiert. Vor einer Hütte patrouilliert ein Kämpfer mit einer Panzerfaust. Charles thront auf einer hohen Bank, durch die Holzbalken spähen Männer von draußen herein. Über einem roten Hemd trägt Charles einen schwarzen Anzug. Das Label-Etikett befindet sich noch am Ärmel des Sakkos. Rechts neben ihm sein Zeremonienmeister mit großem Stock. Charles ist auch Priester. Erst als ruandische Rebellen das Land überfielen, sagt er, und keiner sie schützte, habe er sein Reich gegründet. Er wäre froh, fährt er fort, könnte er den Dschungel verlassen.

Auch ich will nur weg, solange es noch hell ist. Wir dürfen zum Auto, es beginnt zu regnen. Nach einer halben Stunde bleiben wir im Schlamm stecken. Aus dem Wald tauchen Menschen auf. Die Helfer wollen Dollar. Horeb zahlt, sie fangen an zu graben. Was, wenn wir es nicht schaffen? Zurück zu Charles können wir nicht. Horeb wird nervös, sobald ich mich nur ein paar Schritte wegbewe-

Soldat des Warlords

ge. Aufgeregt kommen zwei Jungs gelaufen, ihre Augen funkeln: Die Vergewaltiger wurden gefunden. »Da sind sie«, ruft einer. »Da sind die Vergewaltiger!« Zwei zerlumpte Männer werden von Bewaffneten eskortiert, die zwei beteuern ihre Unschuld. »Wir bringen sie zu Charles«, sagen die Rebellen stolz. »Wir werden sie exekutieren.«

Am Anfang waren die Vergewaltigungen im Kongo vor allem ein

Mittel der Kriegsführung, es wurde strategisch und wahllos vergewaltigt. Meldungen wie diese von Amnesty International sind seit Jahren Alltag: »387 Menschen wurden in vier Tagen in Luvungi und den umliegenden 13 Dörfern vergewaltigt – 300 Frauen, 55 Mädchen, 23 Männer und neun Jungen. Das jüngste Opfer war zwei Jahre alt, das älteste 79.« Das Ziel: die andere Gemeinschaft zu zerstören und so die eigene Macht zu festigen. Deshalb zwingen Rebellen Dorfbewohner, dabei zuzusehen. Zu klatschen. Väter müssen vor aller Augen ihre Töchter vergewaltigen, Söhne ihre Mütter. Wer sich weigert, wird sofort getötet. Oft entführen die Täter danach die Frauen. Die meisten Frauen, die zurückkehren, werden verstoßen.

Aber aus diesen Kriegsgräueln heraus entwickelt sich zunehmend auch reine sexuelle Gewalt. Einfache Leute, die sich nehmen, was sie wollen. Ich kann nicht einschätzen, ob diese zerlumpten Männer Sündenböcke sind oder nicht. »Wenn die einen im Dunkeln im Dschungel treffen«, sagt unser Fahrer, »richten sie grauenhafte Sachen mit einem an.«

Ob dies ein genereller Rat ist oder ob er sich nur auf Frauen bezieht, weiß ich nicht. Aber diese Reise ist für mich die Vermeidung von Dunkelheit. Mit dem Einbruch der Dämmerung wächst meine Nervosität, wir müssen hier weg. Mit Holzscheiten bauen wir eine provisorische Straße. Der Geländewagen springt aus dem Schlammloch. Wir jubeln.

In der Nacht erreichen wir zum Glück ein Dorf. Horeb schreit und spielt den Boss, und zu meiner Verwunderung erkennen die Dorfbewohner ihn als Autorität an. Hier haben noch nie Weiße übernachtet. Die Neugierde ist groß. In einer überfüllten Hütte fragt Horeb jeden nach dessen Funktion und bittet ihn, die Hütte zu verlassen. Zurück bleiben nur der Dorfvorsteher und der Hausherr. Horeb fragt, wie diese gedenken, für unsere Sicherheit zu sorgen. Durch ständiges Wiederholen und einige Dollar macht er unser Problem zu ihrem Problem. Wir brauchen Sicherheit, bis die angekündigte Brigade von Feroce ankommt.

Natürlich gibt es weder Strom noch Wasser. Der Boden ist nass und dreckig. Frauen geben uns Bast als Matratzenersatz, ein Huhn wird geköpft, auf einem Feuer im Inneren gekocht. Wir sind froh, dass wir die Ausrüstung von Hortense haben, sonst müssten wir alle mit schmutzigen Händen aus einem Topf essen. Das Wichtigste ist, dass wir Wasser dabeihaben. Bei meiner vorherigen Reise habe ich einen unbedachten Schluck mit einer bösen Krankheit bezahlt, die mich über Monate geißelte. Wir sind sechs Leute und ein Baby unter einem Dach. Ich habe Schmerzen im Unterbauch, es ist die Nacht, in der das Brennen beginnt.

Als ich aufwache, stehen vier Bewaffnete und Träger bereit. Horeb versammelt die Leute und schreit: »Wir sind alle wegen dieser Weißen hier.« Er zeigt auf mich. »Ist das klar?« Die Männer nicken. Er erreicht damit, dass sie mich respektieren. Horeb ist Gold wert. Er kann mit allen Schichten und Ethnien umgehen, spricht viele afrikanische Sprachen und ist ein echter Problemlöser.

Wir traben los. Es gibt nur noch Trampelpfade. Unsere Route führt durch eine unbeschreibliche Natur. Es ist schwer vorstellbar, dass hier Massaker stattfinden. Als wir endlich das Dorf erreichen, trommeln alte Frauen auf Plastikkanistern und tanzen, ihr Willkommenszeichen. Die Einwohner bilden einen Kreis um uns. Es wird still, nun kommt Feroce. Er trägt den Jogginganzug einer amerikanischen Baseballmannschaft, Gummistiefel und ein Käppi mit der Aufschrift: »Yo!« Er begrüßt uns mit einer anständigen Alkoholfahne.

Die Versammlung beginnt mit Vorträgen seiner Offiziere. Der Sicherheitschef ist allem Anschein nach minderjährig. Er spricht die Krankheiten im Dorf an. Durchfall und Malaria grassieren. Feroce popelt in der Nase, während er mir erzählt, dass viertausend Männer unter seinem Kommando stehen. Als ich nach der Zahl der aktiven

Im Dorf des Warlords

Kämpferin Justine

Kämpfer frage, wird Horeb sauer. »Ich habe dir gesagt, du sollst keine militärischen Fragen stellen!«

Also wende ich mich den Frauen zu. Sie haben, hoffe ich, wirklich etwas zu sagen. Eine fällt mir auf, sie steht am Wegrand und
schaut angestrengt böse. Ihr Name: Justine Lavie, übersetzt: die Ge-
rechte, das Leben. Sie ist zweiundzwanzig Jahre, hellblaues Hemd,
kurzes Haar.

»Ich war Bäuerin«, sagt sie mir mit heller Stimme. »Heute bin ich
Soldatin.«

Was ihr Mann davon hält?

»Er wurde ermordet.« Und sie vergewaltigt, von Rebellen aus Ruanda. Wir ziehen uns zurück. Sie sitzt ruhig da, stützt das Kinn versonnen auf ihren Gewehrlauf.

»Jeden Tag«, sagt sie, »gehe ich los und schaue nach dem einen Mann, der mich vergewaltigt hat. Ich hoffe, eines Tages finde ich ihn. Ich werde ihn erschießen.«

So viele Frauen im Kongo wurden vergewaltigt, nur wenige werden Soldatinnen. Warum Sie?

»Ich möchte kein Opfer sein. Ich möchte mich verteidigen. Ich möchte Gerechtigkeit.«

Haben Sie nicht Albträume?

»Es hat mich hart gemacht, als diese Fremden kamen. Wir hatten sie immer willkommen geheißen, wir hatten sie als Freunde begrüßt, ihnen Essen gegeben. Und dann kamen sie und haben uns getötet, haben uns vergewaltigt. Wenn ich daran denke, macht mich das hart.«

Sie töten Menschen?

Justine nickt. »Ich schieße drauflos und denke an meinen Mann. Das fühlt sich gut an.« Sie lächelt während des Gesprächs, schubst das Gewehr von einer in die andere Hand, stützt ihr Kinn dann wieder auf den Lauf. »Ich glaube an zwei Dinge«, sagt sie: »An Gott und an diese Waffe.«

Ich frage, ob sie im Kampf die Kämpfer in ihrer Gruppe davon abhält, ebenfalls zu vergewaltigen.

»Wir vergewaltigen nicht.«

Wovon träumt sie?

»Die Regierung muss für Frieden sorgen. Dann will ich ein kleines Geschäft eröffnen. Und vielleicht wieder heiraten. Mein Mann würde dann ja nicht mehr umgebracht.«

Das Gespräch verstört mich, das Fragen fällt mir schwer. Ich bin befangen. Ja, Justine ist mir sympathisch. Aber zugleich fügt sie anderen zu, was sie selbst zerstört hat. Sie wurde vom Opfer zur Täterin. Ist Mutter und Mörderin. Ich hasse Krieg, hasse, was er aus Menschen macht. Es ist die einzige Erkenntnis, die ich in diesem Moment gewinnen kann.

Ich gehe zu einer weiteren Frau, die mir aufgefallen ist. Nadine, auch jung, auch ruhig und freundlich, das Gespräch auch verstörend. Nadine setzt sich. An der Brust einen ihrer Zwillinge, auf dem Rücken eine Kalaschnikow, der Gurt quer zwischen den Brüsten, eine liegt frei. Ihr Baby trinkt zufrieden, während sie spricht. »Ich habe vier Kinder«, sagt sie. »Ich möchte, dass sie mal in die Schule gehen. Sie sollen eine Zukunft haben.«

Nadine lebt mit ihrer Mutter, ihrer Großmutter und ihren Kindern in einer Hütte. Ihr Mann wurde getötet, sie vergewaltigt. »Seit vier Jahren bin ich im Krieg«, sagt sie. Ein Mann läuft hinter ihr vorbei und hebt ihren Gewehrlauf, er steckte im Schlamm. Sie schaut dankbar. Das Gewehr ist ihr größter Besitz. »Am Anfang kämpfte ich mit der Machete. Aber wenn du jemanden tötest, behältst du sein Gewehr.« Ihr Kind quengelt. Nadine schiebt ihm die Brustwarze zurück in den Mund und massiert die Milchdrüse. Mit der Machete Frau gegen Mann? Nadine lächelt: »Ja, ich bin eine richtige Soldatin.« Ob sie viele Menschen getötet hat? Sie schaut überrascht. »Natürlich, eine Soldatin tötet. Du bekämpfst den Feind, du musst ihn töten. Ich kann dir nicht sagen, wie viele genau, aber es waren viele.«

Ihr Kind verschluckt sich und hustet. Nadine hebt es hoch und gibt ihm zwei Küsschen auf Wange und Nase. »Wir müssen gehen«, befiehlt ein Aufpasser. Feroce wartet. Viel lieber würde ich weiter mit den Frauen reden. Es scheint mir, das Kind, das Nadine gerade säugt und küsst, stamme von einem ihrer Vergewaltiger. Sie weicht den Andeutungen aus.

Nadine, Kämpferin und Zwillingsmutter

Unterhalb einer Böschung spricht Feroce staatstragende Worte. Für seine dreißig Jahre wirkt er ziemlich fertig. Er stinkt nach Fusel, sein aufgeschwemmtes Gesicht ist mit Schweißperlen überzogen. Um ihn herum stehen bekiffte Rebellen. Ich bin mal wieder die einzige Frau. Feroce sagt: »Wenn die UNO kommt, um uns zu helfen, sagen wir nicht Nein.« Und was macht er, wenn er kein Warlord mehr ist? »Dann bin ich tot.«

Einen halben Tag marschieren wir aus dem Dschungel zurück zum Auto. Einer der Träger möchte mit uns fahren. Doch wir kön-

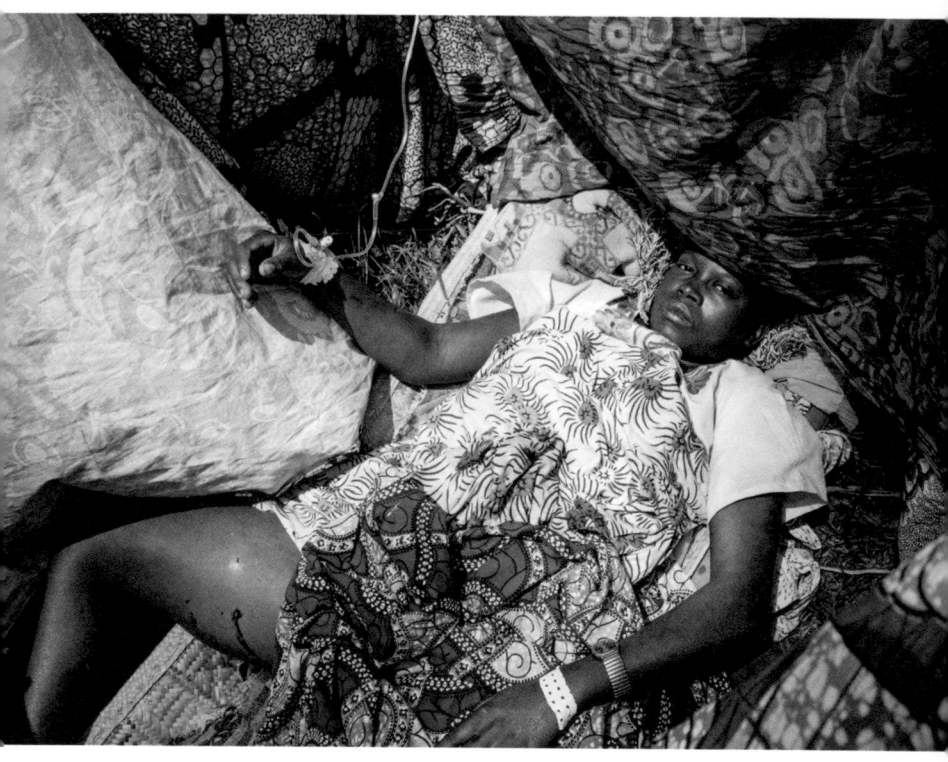

Geburt am Wegesrand

nen ihn nicht mitnehmen, da er Rebell ist. Durch seinen Transport
würden wir die Neutralität verlieren. Enttäuscht schaut er zu, wie
wir wegfahren.

An einer Gabelung, an der mehrere Frauen einen Kreis bilden,
stoppen wir. Sie halten Tücher hoch, versuchen, etwas abzuschirmen.
Ich laufe hin und schaue in die Mitte des Kreises. Eine Frau liegt auf
dem Boden, ihre Beine sind gespreizt und blutig. Eine Schere liegt
neben ihr. Sie hat ein Kind geboren. Jemand drückt ihr fest in den
Bauch. Die Plazenta rutscht heraus. Eine Frau wickelt sie in ein Tuch

und läuft in den Dschungel, wo sie die Nachgeburt vergräbt. Ich schaue der geschwächten Mutter in die Augen. Sie war zu Fuß auf dem Weg in ein Krankenhaus. Nun strahlt sie, die Frauen lächeln. Ein weiterer Eindruck, der mich verwirrt. Diesmal ist es Glück.

Ich freue mich, endlich den Dschungel hinter mir zu lassen und nach Goma zu kommen. Und ich freue mich auf die letzte Frau meiner Reise: Mama Masika. Sie ist, wie Hortense, eine dieser ungewöhnlichen Frauen, die es schaffen, den Kreislauf aus Unglück und Resignation, Untat und Rache zu durchbrechen.

Es ist nicht leicht, Mama Masika zu treffen. Sie hat viele Feinde, und die Behörden lassen einen nicht zu ihr durch. Aber wir haben Horeb und Hortense. Irgendjemand kennt also irgendjemanden, der einen Checkpoint-Soldaten kennt, der ein Auge zudrückt. Nach einem ganzen Tag kommen wir endlich an: ein Dorf, eine Hütte. Wir sitzen im Dunkeln, nur ein Lichtstrahl erhellt Mama Masikas Gesicht, darauf die Narbe von einem Machetenhieb. Im Nebenraum toben Kinder. Sie spricht mit rauer, schwacher Stimme.

»In diesem Haus leben sieben Frauen und 42 Kinder. In der Stadt, in anderen Häusern leben noch mal 180 Frauen. Ich habe dieses Haus für Frauen gegründet, die Opfer von sexueller Gewalt wurden. Wir haben hier nur Kinder, die aus einer Vergewaltigung stammen, und Waisen, deren Mutter an HIV gestorben ist. Ich bin Rebecca Masika Katsuva und 49 Jahre alt. Gegründet habe ich das Haus im Jahr 1999. Seitdem habe ich selbst von 11 234 Vergewaltigungen gehört. Wir helfen den Frauen. Und viele müssen wir beerdigen. Wir haben 527 Frauen beerdigt, die jünger als 18 Jahre alt waren, auch ein Kind von drei Jahren. Es ist schrecklich. Ich wurde selbst vergewaltigt. Es war 1999, nach der Geburt meines vierten Kindes. Wir hörten Schüsse. Als wir die Schreie unserer Nachbarn hörten, wollten wir aus unserem Haus laufen. Rebellen hatten uns schon umzingelt. Sie stießen meinen Mann ins Badezimmer. Sie

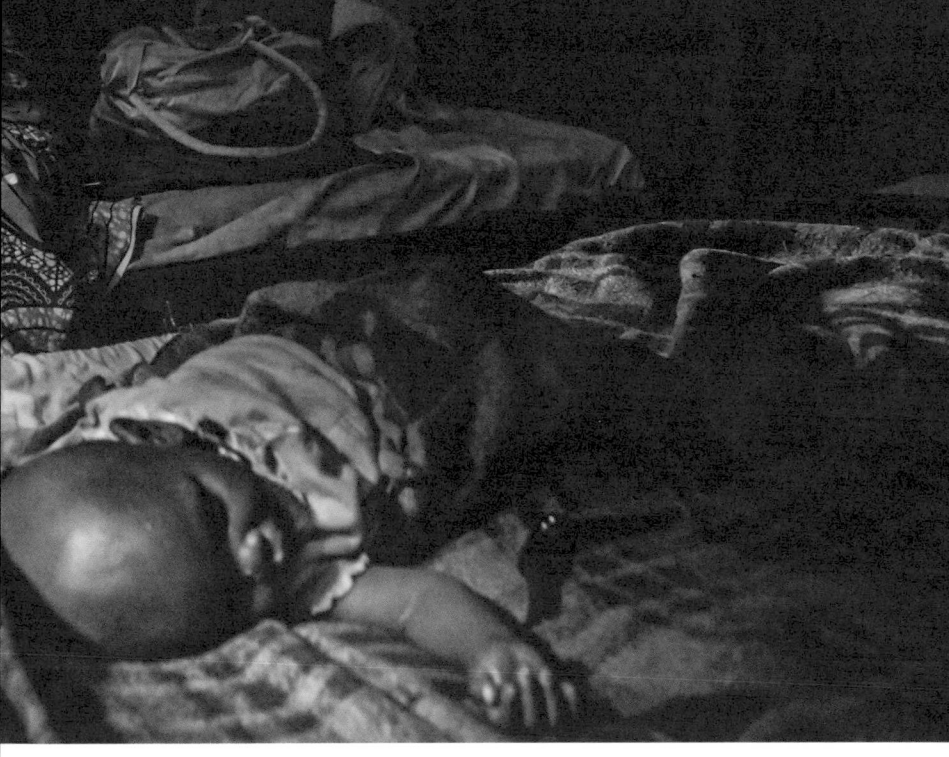

Mama Masika

sagten, sie töten ihn nicht mit dem Gewehr, sondern mit dem Messer.«

Was sie jetzt erzählt, erfahre ich erst später, die Übersetzerin sagt kein Wort mehr, ich stelle keine Frage mehr, es genügt, Mama Masika zu sehen und zu hören, wie sie spricht, wie sie weint. Als ich später die Übersetzung bekomme, schriftlich, wahrscheinlich abgemildert, fällt mir das Atmen schwer. Ich kann das nicht erzählen, auch wenn Mama Masika darum gebeten hat. Ich habe Kriege erlebt und von den schrecklichsten Kriegsgräueln gehört, aber so etwas noch nicht. Wie sie ihren Mann töteten, was sie mit ihm, mit ihr, mit ihren kleinen Töchtern, neun und dreizehn Jahre alt, taten. Erst nach Monaten, nach acht Operationen wurde Mama Masika aus dem Krankenhaus entlassen. Eine ihrer Töchter war schwanger.

»Mir halfen damals Frauen«, sagt Mama Masika. »Sie zahlten das Krankenhaus. Sie behandelten mich gut. Damals habe ich geschworen, dass auch ich vergewaltigten Frauen helfen werde, Frauen, die ihren Mann verloren haben, und Kindern, die keine Eltern mehr haben.« Sie verkaufte ihre Ziegen, sammelte Spenden, kaufte ein Feld, um Gemüse zu züchten. Es fehlt immer an Geld. Oft können sie nicht einmal ein Stück Seife kaufen, um die Kleidung der Vergewaltigten zu waschen. Im Laufe der Jahre gründete Mama Masika fünfzig Häuser für diese Frauen, adoptierte achtzehn Kinder, wurde weitere vier Male vergewaltigt. »Wir versuchen, die Täter ins Gefängnis zu bringen. Sie dürfen nach zwei Tagen wieder raus. Sie kommen dann und schießen. Mein Haus ist aus Holz, du kannst hier viele Löcher sehen.«

Von überall her kommen trotzdem Frauen zu ihr. Amnesty International hat ihr 2010 einen Preis verliehen: Mama Masika bewirke »einen positiven und fühlbaren Wandel inmitten von Unsicherheit und Chaos«. Von allen Frauen habe ich etwas erfahren und gelernt auf meiner Reise, das Meiste aber von Mama Masika, die mich zum

Abschied umarmt. Sie sagt, wie sehr sie hofft, dass wir den Menschen von alldem hier erzählen, damit Hilfe kommt. Mama Masika war es auch, neben Hortense, die mir bei meiner Abreise einen Hauch Hoffnung und Zuversicht gab.

Einige Monate nach unserer Umarmung erreichte uns in Deutschland eine Nachricht: Rebecca Masika Katsuva ist mit neunundvierzig Jahren gestorben. An Malaria.

Ein Land, das es eigentlich gar nicht gibt

Transnistrien, November 2016

Noch nie habe ich eine so monumentale Statue des Gründers der Sowjetunion gesehen wie diese hier in Tiraspol: Lenin, in einem heroisch wehenden Mantel gekleidet, blickt aus zwanzig Meter Höhe entschlossen in die Ferne. Hinter ihr prunkt das mächtige Parlament, der »Oberste Sowjet« des Landes. »Wir verstecken unsere Geschichte nicht«, sagt Andrey. »Wir sind das letzte kommunistische Land in Europa.« Wir, damit meint er die Einwohner Transnistriens, eines Landes, das es eigentlich gar nicht gibt.

»Wir haben alles, was ein Staat braucht«, erklärt unser Reiseleiter weiter. »Wir haben eigene Polizisten, eigene Autokennzeichen, einen Präsidenten, eine eigene Fußballmannschaft, Fernsehsender, Grenzen.« Mehr noch: eigene Gefängnisse, eine eigene Währung, eigene Pässe. Doch etwas Entscheidendes fehlt: Kein Land dieser Welt erkennt Transnistrien als eigenständigen Staat an. Auf keiner Weltkarte ist Transnistrien eingezeichnet. Offiziell gehört es zur Republik Moldau. Als schmaler Streifen erstreckt es sich im Osten des Landes entlang der Ukraine, der Fluss Dnister trennt es im Westen vom Rest der Republik Moldau.

Knapp eintausendvierhundert Kilometer sind es von Deutschland nach Transnistrien, gerade mal fünf Stunden hat die Reise hierher gedauert. Doch es fühlt sich an, als wäre ich um Jahrzehnte in die Vergangenheit zurückgeflogen – und mitten in der Sowjetunion gelandet. Auf fast jedem Platz thronen Lenin-Statuen, auf dem Staatswappen prangen Ähre, Hammer und Sichel, auf den Straßen fahren alte russische Ladas. Andrey spricht stolz davon, dass sich die Menschen mittels der Landwirtschaft hier selbst versorgen. Mit Xenia, die mich begleitet, fühle ich mich an Nordkorea erinnert. Unsere gemeinsame Reise in das isolierte Land drei Jahre zuvor war absurd und nicht unbedenklich. Weil ich unseren Betreuern während des Aufenthalts suspekt wurde und sie uns die Pässe abnahmen, fürchtete ich, nicht mehr ausreisen zu dürfen.

Bei unserem jetzigen Besuch durch das Land, das es gar nicht gibt, geht es ebenfalls skurril zu, aber entspannter. Zwar bittet Andrey uns immer wieder, nicht zu viel zu filmen, und fragt uns, ob wir Journalisten oder vom Geheimdienst sind. Doch dann scherzen wir oder wechseln schnell das Thema. Gerade herrsche Anti-Putin-Stimmung in Europa, sage ich. Andrey gähnt.»Jaja«, antwortet er in perfektem Deutsch mit russischem Einschlag.»Aber nicht in Transnistrien. Transnistrien liebt Putin.« Andrey ist ein lebensfroher Typ, der ernst und tiefgründig, ja fast philosophisch erzählen kann. In vier Sprachen und auf sechsundzwanzig verschiedenen Touren, die er auf seiner Homepage anbietet, schwärmt er von Transnistrien. Dieses Fleckchen Erde preist er als einen Vorzeigestaat an, der sich die Nostalgie der Sowjetunion bewahrt hat.

Wir besuchen einen Markt, auf dem nur einheimische Produkte feilgeboten werden. Händler stehen hinter Ständen voll von Paprika, Tomaten, Kohl, Äpfeln, Birnen, Trauben und Walnüssen. Die Palette wiederholt sich, denn ein Land ohne Außenbeziehungen kann nicht so einfach Waren aus dem Ausland importieren. Weil es kalt ist, haben sich einige Verkäufer in Pudelmützen gepackt, die meisten machen ernste Gesichter und abweisende Handbewegungen, sobald sie meine Kamera sehen. Nur eine Frau, die hinter einer Pyramide aus großen Eiern hervorlächelt, streckt mir die Hand entgegen. Ich laufe vorbei an kleinen Türmen weißen Käses, an Fischen, die auf einer altmodischen blauen Waage mit kleinen Gewichten ge-

Marktfrau

wogen werden. Als ich meine 360-Grad-Kamera auf ein Stativ stelle und mich entferne, damit ich auf den Aufnahmen später nicht zu sehen bin, ducken sich die Menschen plötzlich. »Sie denken, es sei eine Bombe«, wird mir erklärt. Warum sonst sollte man etwas einfach so stehen lassen und weglaufen?

Durchschnittlich verdienen die Menschen hier zweihundert Euro im Monat. Das große Geschäft machen nur einige wenige, die sich gut mit Moskau stellen. Am nächsten Tag besichtigen wir eine Kaviarfarm, deren Produkt sich kein Normalverdienender leisten kann. Stolz zeigt uns die Leiterin Dutzende Becken mit Tausenden von Stören. Beim Blick ins dunkle Wasser sehen wir die verkrüppelten Fische. Ein Name, der hier immer wieder auftaucht, lautet »Sheriff«.

Fast alles in diesem Land scheint der Firma »Sheriff« zu gehören. Das Fußballstadion, die großen Supermärkte, Tankstellen, Fernsehsender und das einzige Mobilfunknetz. Außerdem ist »Sheriff« Eigentümer einer Whiskeydestillerie, die eine Flasche »Prince Wittgenstein« für ein knappes Jahresgehalt verkauft, und von den meisten Restaurants. Das »Mafia«, das wir besuchen, gehört nicht dazu. Am Eingang weisen uns Schilder darauf hin, keine T-Shirts, kurzen Hosen oder Pistolen zu tragen.

Wir machen einen Abstecher in ein Fitnessstudio – ein beliebter Ort für die Jugend, die viel Wert auf Sport legt. Bei ohrenbetäubender Technomusik trainiert eine junge Frau auf einem Bauchtrainer ihren Oberkörper. Daneben zerrt ein muskelbepackter Mann Gewichte in die Höhe. Die Geräte wirken stark abgenutzt und veraltet, der Club versprüht in seiner Schlichtheit einen Industriecharme. Vor den Laufbändern und Fahrrädern zeigen Bildschirme halbnackte Frauen im Bikini zur Motivation. In der Hauptstadt fällt auf, wie körperbewusst gerade die jungen Menschen sind. Männer wie Frauen kleiden sich stets adrett, kaum jemand ist hier übergewichtig.

Auch unser Reiseleiter Andrey, Anfang dreißig, macht bei jeder nur erdenklichen Gelegenheit ein paar Liegestütze. Er bietet sogar Touren an, in denen er sein Trainingsprogramm im Freien zum Besten gibt. Zu Hause zeigt er uns sein eigenes kleines Fitnessstudio und führt uns auf den Balkon, wo er nach selbstgebauten Hanteln greift und sie in die Luft stemmt. Eine Stange mit zwei Bleiklötzen an jeder Seite. Nach der kurzen Demonstration spielt er auf seiner Ziehharmonika und singt dazu russische Volkslieder.

Heute übernachten wir in einem Plattenbau, in dem Andrey uns seine Wohnung vermietet. Im Supermarkt nebenan will ich mit meiner Freundin Xenia ein paar Snacks kaufen. Hier finden wir viel eingelegten Fisch, doch kein frisches Obst oder Gemüse. Als wir zahlen wollen, würdigen uns die Kassiererinnen in dem menschenleeren Laden keines Blickes. Sie telefonieren einfach weiter, als würden wir stören. Die transnistrischen Rubel-Münzen wirken übrigens wie Spielgeld. Kein Wunder, denn sie sind aus Komposit-Kunststoff – was einmalig ist auf der ganzen Welt. Allerdings wird es in keinem anderen Land als Währung anerkannt.

Viele Bezeichnungen habe ich für Transnistrien gehört: toter Vorhof Moskaus, Mafia-Kleinstaat von Putins Gnaden; das Europäische Parlament nannte es sogar schwarzes Loch, in dem illegal mit Waffen und Menschen gehandelt und Geld gewaschen werde. Tatsächlich lassen die Abschottung und das fehlende Korrektiv von außen das Land immer unkontrollierter und autokratischer werden. Insider berichten von Unregelmäßigkeiten bei Wahlen und sich häufenden Menschenrechtsverletzungen. Es heißt, dass Tausende Tonnen Waffen aus Sowjetzeiten auf diesem Landstrich verteilt sind. Viele davon tauchen bei militarisierten Gruppierungen im arabischen Raum wieder auf. Es ist, als wäre das hier der Wilde Westen, wo selbst gemachte Regeln gelten, die niemanden sonst interessieren. Seit dem Zerfall der Sowjetunion ist Transnistrien Niemandsland.

Damals, Anfang der neunziger Jahre, orientierte sich die Republik Moldau Richtung Westen, suchte den Anschluss an Rumänien. Rumänisch sollte als neue Amtssprache eingeführt werden. Die russische Minderheit bangte um ihre Rechte und ihre Identität. Sie floh über den Fluss Dnister und gründete ihren eigenen Staat: Transnistrien. Dieser erklärte sich im September 1990 unabhängig. Wie nicht anders zu erwarten, erkannte die Republik Moldau die abtrünnige Region nicht als selbstständigen Staat an. Um sich das Territorium zurückzuholen, startete sie 1992 eine Offensive. Dreißigtausend Soldaten standen rund zwölftausend transnistrischen Kämpfern entge-

Und noch eine Lenin-Statue

gen. In dem Bürgerkrieg konnten die Moldauer die Stadt Bendery einnehmen, die wenig später jedoch von den Transnistriern zurückerobert wurde.

Die Zahl der Toten schwankt je nach Quelle zwischen achtzig und vierhundertneunzig, die der Verletzten zwischen fünfhundertdreißig und eintausendzweihundert. Die Kämpfe endeten schließlich, als Russland Fakten schaffte. Russische Soldaten, die in Transnistrien stationiert waren, trennten die Konfliktparteien. Ein Waffenstillstand wurde vereinbart, der bis heute anhält. An der Grenze stehen Panzer bereit, und noch immer sind bis zu eineinhalbtausend russische Soldaten in Transnistrien stationiert. Aus diesem Grund traut sich niemand mehr, diesen »eingefrorenen Konflikt« wiederaufleben zu lassen.

»Ich persönlich«, sagt Andrey, »betrachte meine Nachbarn in Moldawien nicht als Feinde, sondern als Freunde.« Die Nachbarn trennt bis heute der Fluss Dnister, an einigen Stellen nur wenige Kilometer breit.

Als Satellitenstaat ist Transnistrien strategisch wertvoll für Russland. Stalin hat damals weitsichtig gehandelt, als er russischstämmige Minderheiten in der ganzen Sowjetunion verteilte. Diese Menschen haben einen russischen Pass und können somit an den russischen Wahlen teilnehmen. Aber nicht nur das: Sie fühlen sich Russland näher als Europa. Während sich die Republik Moldau am Westen orientiert, wächst in den Transnistriern die Sehnsucht nach dem »großen Bruder« im Osten. Gerade in den Köpfen der älteren Generation umgibt die Großmacht Russland eine identitätsstiftende Nostalgie.

Die Regierung der Republik Moldau hat die Kontrolle über Transnistrien schon lange verloren. Der De-facto-Staat wird von Russland nicht nur militärisch und politisch, sondern auch finanziell unterstützt. So finanziert »der große Bruder« einen Teil der Pensionen und Stromkosten. »Die Europäische Union hilft Moldau, nicht uns. Uns hilft Russland«, sagt Jana, Andreys Ehefrau. Ich treffe die bildschöne, etwa dreißigjährige Frau für einen Spaziergang durch die Stadt. Die Presse und alle Sender in Transnistrien seien prorussisch, sagt sie. Informationen von außen bekomme sie nur über Facebook. Jana werden meine Fragen unangenehm, sie will sich zur Politik am liebsten gar nicht äußern. Klar dürfe sie die Regierung kritisieren, aber warum sollte sie, fragt sie mich. Sie habe nicht das Bedürfnis. »Ich denke, wir leben besser als die Menschen in Moldau.«

An der Fassade eines Wohnhauses zeigt mir Jana Einschusslöcher

Verlassene Häuser

aus der Zeit des Bürgerkriegs, der noch nicht lange zurückliegt. Auf der Straße laufen Uniformierte Patrouille: Auch viele Frauen sind darunter. Ein riesiges Gebäude, das offiziellen Charakter hat, steht leer, davor füttert eine Frau auf dem großen Platz Tauben, in einem Park tollen Kinder neben blühenden Blumenbeeten, auf einer Wiese liegt ein verrostetes Schiff. Wir laufen durch einen verwaisten Vergnügungspark, wo die Fahrgeschäfte vor sich hin rosten. Autoscooter stehen verlassen auf der Fahrfläche, ein Karussell hat sich wohl Jahre nicht mehr gedreht. Wir besuchen ein Denkmal zu Ehren der Gefallenen im Zweiten Weltkrieg. Es zeigt einen Sowjetpanzer mit einer brennenden Schale davor, dem ewigen Feuer.

Uns kommt eine Hochzeitsgesellschaft entgegen. Auf dem Autodach sind zwei überdimensionierte Ringe und Plastikblumen angebracht. Das Brautpaar lässt sich von einem Fotografen ablichten. Der Bräutigam unterbricht das Shooting, er lässt sich nun lieber von mir fotografieren und beginnt, mit uns auf Englisch zu plaudern.

Für den Abend haben Xenia und ich uns zu einem Skype-Gespräch verabredet. Ich möchte wissen, inwieweit andere Einwohner Andreys und Janas Version von Transnistrien als Vorzeigeland teilen. Unser Kontakt, ein Regimekritiker, tut das jedenfalls nicht. Man könne hier nicht frei seine Meinung äußern, ohne vom KGB verfolgt zu werden. Es sei ein Ort ohne Perspektive. Die Korruption zerfresse jedes Unterfangen.

Am nächsten Tag fahren wir mit Andrey von Tiraspol aufs Land, denn ich möchte mehr von Transnistrien kennenlernen, nicht nur die Hauptstadt. Die Straßen sind abgenutzt und porös, alte Lastwagen mit Steinschutt kommen uns entgegen. Wir passieren Panzer und eine orthodoxe Kirche. In einem Dorf führt Andrey uns an einer weiteren Lenin-Statue vorbei in ein altes Schloss. Während wir uns im riesigen hellblauen Saal mit großen Fenstern, dicken Säulen

Bauernfamilie

und hohen Decken samt Gemälden umsehen, setzt er sich an den Rand und stimmt ein russisches Liebeslied an.

Auf der Fahrt ziehen immer mehr leerstehende Häuser an uns vorbei, vor denen Kühe grasen. Andrey möchte nicht für Fotos anhalten. Er scheint mit der Emigration seiner Landsleute ein Problem zu haben. Als ich einen großen Plattenbau sehe, der unbewohnt wirkt, bestehe ich darauf, dass wir ihn uns anschauen. Ich laufe durch die langen Flure, von denen zahlreiche Wohnungen abgehen. Bei einer lässt sich die Tür aufstoßen. Die Zimmer sind leer, nur eine einzelne Tasse steht auf dem Boden, sonst nur Schutt und ein paar Balken. In einem anderen Haus ist der Boden übersät von Matratzen, Kissen und Kleidung. An der Wand hängen zwei Mäntel an Haken, vor den Fenstern bewegen sich Tücher in der Zugluft. Während ich Fotos mache, frage ich mich, was passieren muss, dass ein Mensch seine Wohnung verlässt und nie wiederkommt. Oder sind die Bewohner etwa schon verstorben?

Zehntausende Transnistrier sind vor der Arbeitslosigkeit geflohen, vor allem die Jugend, erfahre ich. Aber nicht nach Europa wie die Moldauer, sondern in die russische Provinz. Dorthin, wo sie eine Identität hätten. Immer noch sollen fast eine halbe Million Menschen in Transnistrien leben. Je weiter wir uns von Tiraspol entfernen, desto ärmer wirkt die Gegend. Die Menschen tragen Jogginganzüge, am Straßenrand lodern kleine Feuerstellen. Ich sehe nur einfache Bauernhäuschen.

In einem kommen wir für die Nacht unter. Eine Bauernfamilie nimmt uns auf. Im Zimmer, in dem Xenia und ich schlafen, hängen dicke Teppiche an den Wänden, die die Kälte abhalten sollen. Es riecht modrig, als hätte sich durch die Feuchte des Gesteins Schimmel in den Textilien gebildet. Im ebenfalls feuchten Keller stehen Dutzende Gläser mit eingemachtem Obst und Gemüse in einem Regal. Hier werde alles in Essig eingelegt, erklärt uns Hausherrin Tatjana. Daneben knabbert ihre kleine Enkelin seit Minuten an einem Stück getrockneten Fisch. Ihr Großvater erzählt uns, dass er nur einmal in seinem Leben in einem anderen Land war. Wo er hingereist sei, frage ich neugierig. Nach Afghanistan. Dort hat er für die Russen gekämpft. Um nicht mehr im Krieg dienen zu müssen, hätten er und seine Frau damals geheiratet. Seitdem möchte er nur noch in Frieden leben, Transnistrien nicht mehr verlassen. Von Politik wolle er nichts mehr wissen, den russischen Medien traue er genauso wenig wie den westlichen Nachrichten, sagt er.

Im Esszimmer stehen ein kleiner Fernseher und ein großer Kassettenrekorder in der Ecke. An der Wand hängen ein Kruzifix und ein Bild des letzten Abendmahls. Die Möbel sind in Braun und dunklem Holz gehalten, auf dem Tisch schützt eine Plastikdecke vor Flecken. Das überschaubare Leben der Älteren, der Zurückgelassenen wird von nostalgischen Gefühlen gegenüber dem einst so mächtigen Russischen Reich aufgehellt.

Diese Sehnsucht hält zusammen, weil sie den Menschen Hoffnung gibt in einem Land, das nach dem Schiffbruch der Sowjetunion wie Strandgut verlassen am Ufer liegt. Dieser Flecken Erde symbolisiert einen Kollateralschaden der Geschichte. Er ist Teil Europas, was die Geografie, aber nicht, was die Politik angeht. Es wirkt, als interessiere sich die EU sind nur für die Wohlstandsländer. Auf die Vorhöfe Europas blickt niemand so ganz genau. Eine verpasste Chance, denke ich, denn hier ist nun jemand anderer am Zuge. Schon früh werden die Transnistrier als »gute prorussische Patrioten« erzogen. Doch was ist mit den verbleibenden proropäischen Bewohnern? Sie sollten in dem isolierten De-facto-Staat nicht alleingelassen werden. Doch für den Westen werden sie anscheinend erst interessant, wenn Russland sich einschaltet und sie für sich beansprucht.

So abwegig ist dieses Szenario gar nicht. Während ich in Transnistrien bin, befinden sich in den USA Hillary Clinton und Donald

Offizier mit Enkelin

Trump in der Endphase eines schmutzigen Wahlkampfs. Sollte Clinton, die als Obamas Außenministerin bereits klargemacht habe, dass dem »Rowdy« Putin Grenzen aufgezeigt werden müssen, das Rennen machen, könnte sich die Lage in Transnistrien schnell zuspitzen. Und damit die Lage in Europa.

Denn würde die Republik Moldau sich noch weiter Richtung Westen orientieren, Mitglied der EU oder gar der Nato werden, würde sich Putin den kleinen Pufferstaat zunutze machen wollen. Er verfügt dort bereits über Soldaten. Eine Art Krim-Szenario auf europäischem Boden ist daher gar nicht so unwahrscheinlich. Auch aus diesem Grund wollte ich mir Transnistrien ansehen, bevor es zum Spielball der Großmächte wird.

Zurück in der Hauptstadt treffen wir Andreys Vater, der in der

Sowjetunion Polizist war und wohl an der transnistrischen Verfassung mitgearbeitet hat – der Verfassung eines Landes, das es offiziell nicht gibt. Andrey verbietet mir, außerhalb des Büros Fotos zu machen, er spaßt jetzt nicht mehr, sondern blickt mich streng an. Vor uns sitzt ein Mann in Uniform, dem ich Fragen stellen darf. Ich falle gleich mit der Tür ins Haus und möchte wissen, welchen Ausgang er sich bei den US-Wahlen wünscht. »Weder Clinton noch Trump können würdige Repräsentanten Amerikas sein.« Während er in seiner staatstragenden Position mit ernster Miene antwortet, spielt neben ihm seine Enkelin, Andreys Tochter. Sie trägt einen Pulli mit der Aufschrift »I'm loved« und verdreht die Augen, wenn sie ihrem Opa nicht mehr zuhören möchte.

Die Familie habe Vorfahren aus Deutschland und Österreich, sagt der Offizier. Er wünsche sich, dass es seinem Land einmal so gut gehe wie Deutschland. Uns bleibt keine Zeit mehr, doch eine letzte Frage möchte ich noch stellen: Was sollten wir in Deutschland über Transnistrien wissen? »Dass hier auch Menschen leben, die auf ihrem Boden normal und friedlich leben wollen.«

Sturm auf den »Palast«

Libyen, August 2011

Das rosafarbene Himmelbett der »Prinzessin« ist zusammengebrochen, der Baldachin aus schwerem Brokat heruntergefallen. Junge Männer, die mit Stiefeln auf der Matratze stehen, blicken sich erst verunsichert an, dann lachen sie und trampeln weiter durch das Schlafzimmer, reißen die Schubladen aus den weißen Nachttischen und schleudern sie zu Boden. Einer drischt auf den Flatscreen-Fernseher. Sie hauen alles kurz und klein und feiern so ihren Triumph über den Diktator und seine Familie. Überall schwelt es, in den Räumen hängt der Rauch.

Die Villa von Aischa, der Tochter von Muammar al-Gaddafi, wirkt auf mich, als hätte sie sie eben erst verlassen. Ihr begehbarer Kleiderschrank ist noch unversehrt. Als ich die Schranktür öffnen möchte, verbrenne ich mich fast an dem glühend heißen Eisengriff. Zu meiner Überraschung finde ich nicht die großen Marken, sondern Stücke von Zara. Das Siemens-Telefon liegt auf dem Boden. Überall Akten. Hätte sie geahnt, dass Tripolis überrannt wird, sie hätte sicher mehr Privates mitgenommen. Ich schaue mich weiter in ihrem Haus um und begegne dabei nicht nur Rebellen, sondern auch Zivilisten: gut gekleidete Geschäftsmänner und Frauen. In der Wand klafft ein großes rauchendes Loch, durch das ich hineingeklettert bin. In der Küche dominiert ein moderner Steintisch, auf den zwei Dachfenster spärliches Licht werfen. Im Bad ein Jacuzzi. Der Begriff »Palast« erscheint mir dennoch nicht passend. Die Einrichtung der Villa ist vergleichbar mit gehobenem deutschen Mittelstand. In den Räumen der Herrscherfamilie hätte ich mehr Prunk erwartet.

Im Wohnzimmer durchstöbern Männer die Schränke nach Unterlagen. Die meisten werfen sie danach auf den Boden. So fokussiert, wie sie arbeiten, sind sie sicher vom Geheimdienst, wollen heikle Informationen verschwinden lassen, die nach dem Kriegschaos gefährlich werden könnten. Weiter hinten trägt einer ein Bild aus dem Haus. Eine andere Gruppe hat die privaten Familienfotos der Gaddafis gefunden. Die Männer zünden sie an und drücken mir welche in die Hände, damit ich ihnen dabei helfe. Freundlich verneine ich, stecke die Fotos in meine Tasche und gehe weiter. Das sind Dokumente, die ich nicht vernichten möchte. Im besten Fall kann ich sie irgendwann einmal ihren Besitzern oder der neuen Regierung übergeben.

Im Nachbarzimmer ruft eine Frau: »Schau, Gaddafi, du hast nichts mehr zu melden.« Einem herumliegenden Brief entnehme ich, dass Aischa Gaddafi von einer italienischen Vereinigung für Frauenrechte eingeladen wurde. Auf einem anderen sehe ich den Briefkopf der UN. Aischa Gaddafi war hoch angesehen und gefürchtet. Sie gehörte zum Anwaltsteam, das Saddam Hussein verteidigte. Diese erfolgreiche Frau aus einem patriarchalischen Land mit einem Job, der ebenfalls von Männern dominiert wird, war begehrtes Aushängeschild für diverse Organisationen. Später, nach dieser Reise, werde ich erfahren, dass sie am 29. August 2011 hochschwanger mit ihrer Mutter und zwei Brüdern vor den Rebellen über die Grenze floh und wenige Tage später in Algerien ihr Kind zur Welt brachte. Plötzlich wachte die Frau, die während der Herrschaft ihres Vaters vom Volk verehrt und wegen ihrer blonden Haare von den italienischen Gazetten die »Claudia Schiffer der Wüste« genannt wurde, in einem anderen Leben auf. Eine zerrissene Familie. Ohne Heimat, ohne Ansehen, ohne Arbeit. Sie war außer sich, zündete ihr Hotelzimmer an. Daraufhin musste sie auch dieses Land verlassen. Seitdem lebt sie im Oman, wo sie sich politisch nicht mehr äußern darf.

Auf dem Gelände der Anlage Bab al-Asisija herrscht ein einziges Chaos. Die in mehreren Reihen ringförmig angelegten Häuser und Kasernen, die einst zum Schutz dienten, stehen aufgebrochen da. Einige Männer schlagen mit Eisenstangen auf einen gepanzerten BMW ein. Andere spazieren in die Regierungs- und Wohnräume der Herrscherfamilie, die sich vor kurzem noch Superstars gleich verehren ließ. Sie durchwühlen die persönlichsten Ecken und nehmen sich mit, was ihnen gefällt. Zwei Männer in Flipflops zerren neben mir mit aller Kraft einen Backofen über den Boden. Ein anderer hat eine Kuchenform in der Hand und umklammert lachend eine Plastikbox mit einem Gürtel und Kochtopfdeckel. Wieder andere haben Kleidung erbeutet. Mir kommt das alles unwirklich vor. Die Residenz dieser Familie gleicht nun einem Selbstbedienungsladen.

Tripolis ist in den Händen der Rebellen. Die Diktatur wird durch Anarchie ersetzt. Über die Stadt hat sich eine Woge unaufhaltsamer Aufbruchstimmung ergossen.

Unsicher, aber neugierig lasse ich mich mittreiben. In der Eingangshalle des Regierungspalastes hat Gaddafi die US-Raketen ausgestellt, mit denen er 1986 von Reagan bombardiert worden war.

Nach offiziellen Angaben ist Gaddafis kleine Adoptivtochter Hana bei diesem Bombardement umgekommen. Umso verwunderlicher finde ich es, dass ihr Vater die geborgenen Raketen als supermoderne Kunstinstallation in sein Foyer hängte.

Überall malen Kinder Rebellenparolen an die Wände. Beim Herumlaufen staune ich über die vielen weiß-grünen Atombunkertüren. Durch eine klettere ich nach unten und sehe Fluchtwege, die den Diktator im Ernstfall durch kilometerlange Tunnel in Sicherheit bringen sollten. Ein Zettel an einer Tür informiert auf Deutsch, wann die letzte Wartung durchgeführt wurde.

Draußen irren Dutzende Menschen herum. Ständig fallen Schüsse, Gewehrsalven der Rebellen, die ihren Sieg demonstrieren. Mich macht diese Herumballerei wahnsinnig, vor allem weil auch Frauen und Kinder herumlaufen. Die Fassade des Gebäudes ist durchlöchert, Fenster und große Teile der Mauer sind zerstört. Graffiti verspotten den gefallenen Diktator, wie er aus einer Klobrille herausschaut. Eine Frau schwenkt die Rebellenfahne und ruft dabei »Allahu Akbar«, Gott ist groß.

Aus den verschiedenen Stockwerken schießen die Rebellen weiterhin wie Verrückte in die Luft. Noch im Februar hielt Gaddafi hier seine berühmte »Zenga Zenga«-Rede, in der er seinen Gegnern androhte, sie Haus für Haus, Heim für Heim, Ecke für Ecke zu suchen, bis Libyen von dem Dreck und der Unreinheit befreit sei. Einige hundert Meter davon entfernt erklimmen ein paar Rebellen nun ein Kuppelgebäude, in dessen Mitte eine riesige Vogelstatue ihre Flügel ausbreitet. So, stelle ich mir vor, muss der Sturm auf die Bastille ausgesehen haben. Ich bleibe regungslos stehen und versuche, diese unwirklich anmutenden Momente in mir zu speichern.

Vor einigen Tagen waren diese Ereignisse und Bilder noch tausende Kilometer entfernt. Zu Hause, in München, hatten die Nachrichten vom Fall der Hauptstadt Tripolis berichtet. Also musste ich so schnell wie möglich hin, um die Geschehnisse zu dokumentieren. Sofort telefonierte ich mit Jürgen Todenhöfer, für den ich zu diesem Zeitpunkt arbeitete und mit dem ich die vergangenen beiden Male nach Libyen gereist war. Wir vereinbarten, den nächsten Flieger nach Tunesien zu nehmen, um von dort aus unser Glück zu versuchen und nach Libyen einzureisen.

Ich steckte gerade in den Vorbereitungen für die Hochzeit meiner Freundin Laura. Sie hatte mich als Trauzeugin gewählt, weniger als zwei Wochen blieben noch bis zur Trauung. Als ich ihr sagte, dass ich sofort wegmuss, sah sie mich mit großen, enttäuschten Augen an. »Du willst doch da jetzt nicht runterfahren?« Doch, ich wollte. Ich kannte diese Reaktion bereits. Es war nicht das erste Mal, dass ich plötzlich verschwand. Zur Hochzeit bin ich wieder zurück, versicherte ich ihr. Doch eigentlich wusste ich nicht, ob ich überhaupt zurückkehren würde. Ich weiß es nie, wenn ich aufbreche.

Der ständige Besuch in Krisengebieten ist zu meiner Normalität geworden. Derartige Veränderungen in der arabischen Welt veranlassen mich, alles stehen und liegen zu lassen. Der Gedanke, in ein Land zu reisen, in dem ein Umsturz stattfindet, löst in mir Angst aus und gleichzeitig ein Verlangen, die Geschehnisse in Bildern festzuhalten.

Als ich mit Jürgen in Tunesien an der Grenze stehe und die langen Autoschlangen sehe, die darauf warten, nach Libyen eingelassen zu werden, reicht meine Fantasie nicht aus, mir vorzustellen, was gerade in Tripolis vor sich geht. Ein kräftiger, selbstbewusster Mann, der eine Uniform, dafür aber keine Schuhe trägt, wird uns vorgestellt. Er heißt Aiman und lässt sich lange bitten, bis er schließlich zustimmt, uns mitzunehmen. In seinem Auto erzählt er uns und seinem Fahrer Geschichten vom Krieg, in dem sein Onkel angeblich eine wichtige Rolle gespielt habe. Der Lauf seiner Kalaschnikow baumelt schon die ganze Fahrt vor meinem Gesicht. Ob sie entsichert sei, wage ich irgendwann zu fragen. »Oh«, sagt er und sichert sie. Stundenlang fahren wir durch die schrecklich heiße Wüste, passieren Dutzende Checkpoints aus kaputten Autos und aufgeschütteten Sandhaufen.

Während an uns verlassene Panzer vorbeiziehen, erkennen wir vor uns menschliche Silhouetten. Aiman wird nervös und greift hastig nach seiner Kalaschnikow. Er wittert Anhänger Gaddafis. Ob Jürgen das Gewehr wolle? Der verneint. »Falls ich erschossen werde, musst du sowieso die Verteidigung übernehmen«, blafft ihn Aiman an.

An einem Plateau halten wir kurz an, um die atemberaubende Landschaft in uns aufzusaugen. Mit nackten Füßen und der ernsten Miene eines harten Kämpfers turnt Aiman auf den spitzen Steinen herum. Über die Schlucht des Canyons hinweg blicken wir über die unendliche Weite auf die untergehende Sonne. Was für ein magisches Bild, so ruhig und friedlich. So weit weg scheint die hässliche Fratze des Krieges.

An einem Checkpoint bietet ein älterer Mann den Vorbeifahrenden Datteln an. Wir halten zum Essen an einer kleinen Bude. Aiman befiehlt mir, mein Haar zu bedecken. Während der Imam vom Dach zum Gebet ruft, bekommen wir Lammbrühe serviert.

In der Dunkelheit setzen wir unsere Fahrt fort. Plötzlich biegt unser Fahrer in eine Seitenstraße ein. Aiman hat den Plan geändert, wir fahren zu ihm nach Hause. Er wolle duschen, danach gehe es weiter. Es ist weniger eine Einladung als ein Befehl. In Sintan angekommen, werde ich sofort zu den Frauen geführt, die in einer Art Rohbau untergebracht sind. Auf solchen Reisen getrennt zu werden, kann ich nicht leiden. Zu unsicher ist die Lage in diesen Gebieten und vor allem hier in Libyen.

In einem dunklen Raum, nur von einer kleinen Kerze erhellt, begrüßen mich Frauen und Kinder. Mindestens ein Dutzend Menschen liegen und sitzen auf dem Boden. Aufgeregt bilden sie einen Kreis um mich, bereiten mir Tee und eine der Matratzen für die Nacht. Alle freuen sich über den Überraschungsgast. Moment, ich will hier nicht schlafen! Wir müssen doch weiter nach Tripolis. Ich muss hier raus, will wissen, was vor sich geht. Doch Aimans Mutter rät mir nur, mich zu gedulden, zu den Männern dürfe ich nicht. Dennoch bestehe ich darauf, mit dem Hausherrn zu sprechen.

Der steht plötzlich im Raum und schimpft mit lauter Stimme auf mich ein. Warum ich mich so aufführe? Dennoch nimmt er mich mit, aber nur, wenn ich einen Schleier trage. Im Dunkeln folge ich ihm die paar hundert Meter zum Haus der Männer.

»Hast du gar keine Angst?«, fragt er mich.

Wovor?

»Ich könnte dich jetzt umbringen.«

Warum er so einen Unsinn sage, entgegne ich.

»Ich würde dich wahnsinnig gern weinen sehen.«

Ich habe keine Angst vor Aiman, aber mir wird klar, dass wir uns in der Obhut eines Durchgeknallten befinden. Dieser Typ ist unberechenbar. Als ich endlich das Zimmer betrete, sehe ich Jürgen mit einem anderen Mann sprechen. Bashir Saleh. Bis vor ein paar Tagen war er noch Stabschef und rechte Hand Gaddafis. Er kümmerte sich vor allem um die Finanzen. Jetzt ist er allerdings zu den Rebellen übergelaufen und sitzt momentan wie wir bei Aiman fest.

Später wird mir Jürgen von dem nächtlichen Gespräch mit Bashir Saleh berichten: Erst vor Kurzem, so die Gerüchte, hätte Bashir Saleh eine halbe Milliarde Dollar vom Vermögen seines Chefs ins Ausland gebracht. Darauf angesprochen, winkte er ab. Das sei ein Märchen.

Er erzählte von Friedensverhandlungen mit Frankreichs Präsident Nicolas Sarkozy, der Arabischen Liga und einigen afrikanischen Staatsoberhäuptern. Für seinen Machtverzicht seien Gaddafi Amnestie und überraschend große Versprechungen gemacht worden. Da er nicht auf das Angebot einging, entschied sich Bashir Saleh zu gehen. Er, einer der engsten Vertrauten des Diktators, haute ab.

Ich musste leider zurück, die Nacht im Frauengemach verbringen, und konnte nicht all meine Fragen stellen. Seit diesem Tag wird mir dieser Mann immer mal wieder in den Nachrichten begegnen. Nach Libyen wird Bashir Saleh für einige Zeit unbehelligt in Frankreich wohnen – während Sarkozy Präsident ist. Dann wird er sich in Südafrika niederlassen. Dort, so berichten französische Medien, habe er 2018 ein Attentat überlebt.

Solange die Vorwürfe, dass Sarkozy für seinen Wahlkampf Geld von Gaddafi angenommen hat, nicht entkräftet werden, wird Bashir wohl keine Ruhe finden. Er gilt als Schlüsselfigur zu sämtlichen Auslandskonten Gaddafis.

Am nächsten Morgen erwache ich mit dem Zeh eines Kindes in meiner Nase. Eine Frau lächelt mich an und nimmt das Mädchen zu sich. Mich in Geduld zu üben fällt mir immer noch sehr schwer. Stunde um Stunde verstreicht und nichts passiert. Zeit, die wir nicht haben. Uns bleiben nur wenige Tage bis zum Rückflug von Tunis nach Europa, und wir haben Tripolis noch nicht einmal erreicht. Immer wieder kocht Gereiztheit in mir hoch, die gleich darauf in Verzweiflung umkippt.

Schließlich geht es doch weiter. Auf der Fahrt versuchen wir, Aimans Stimmungsschwankungen zu minimieren und ihn bei Laune zu halten. Viele mit Hausrat beladene Autos kommen uns entgegen. Sind es Gaddafis Anhänger, die Tripolis verlassen? Oder Familien, die wieder in ihre Dörfer zurückkehren? Je mehr wir uns der Hauptstadt nähern, desto mehr werden die Ausmaße dieses Kriegs erkennbar: ausgebrannte Panzer. Ausgebombte Gebäude. Männer mit Kalaschnikows. In der Stadt Sawija, die über einen Ölhafen und Ölraffinerien verfügt, ist kaum ein Haus heil geblieben. Die Fassaden sind durchsiebt von Schusslöchern. Durch riesige Mörserlöcher kann man direkt in die Wohnzimmer blicken. Hier haben sie schwere Artillerie aufgefahren.

Durch einen Checkpoint aus überdimensionalen Betonankern, die im Zickzack aufgebaut sind, erreichen wir Tripolis. Endlich. Am Eingang der Stadt haben sie nicht explodierte Bomben und Granaten aufgestellt, einige schulterhoch. »Nato, Nato«, sagt unser Fahrer und deutet mit dem Finger darauf.

Auch hier bestehen die Wohnungen nur noch aus Schutt und Asche, neben rußschwarzen Fassaden stinkt der Müll vor sich hin, weil sich niemand um ihn kümmert. Die Läden haben geschlossen, sei es wegen des Ramadans, wegen des Krieges oder wegen beidem.

Wir fahren in einen Compound, in dem vor dem Krieg die Superreichen ihren Urlaub verbracht haben. Ich erinnere mich an den Luxuskomplex von meiner ersten Libyen-Reise vor sechs Jahren. Damals konnte ich mir den Aufenthalt hier nicht leisten. Diplomaten, Angestellte von Staatsfirmen und Gaddafis Söhne hatten hier ihre Anwesen. Nun tummeln sich Rebellen zwischen Tennisplatz und Pool. Die Villen haben sie belagert. »Die vom kanadischen Botschafter ist noch unberührt«, sagt uns ein Rebell und bietet an, die Tür aufzubrechen. Wir lehnen dankend ab. Auch wenn der Gedanke an ein ordentliches Bett und vor allem an einen Kühlschrank verlockend ist, wollen wir uns nicht der Hausbesetzung und Plünderei schuldig machen.

Vor dem Radisson-Hotel parkt ein Rebellentruck mit Schießvorrichtung. Der Gang in die Eingangshalle führt den Besucher über ein am Boden liegendes Gaddafi-Bild. Mit besonderer Genugtuung verweilen die Rebellen auf dem Konterfei des gefallenen Herrschers, streifen sich wieder und wieder die Schuhe auf seinem Gesicht ab. »Ihr auch«, rufen sie uns zu. Wir verzichten. Ohnehin sind alle Zimmer belegt.

Schließlich finden wir doch noch ein stickiges Hotel ohne Service und mit Kanalgeruch, das uns zu einem unverschämt hohen Preis aufnimmt. Aiman verabschiedet sich. Auf die Frage, was er heute noch vorhat, antwortet er, nichts Besonderes, außer dass er uns vielleicht doch noch umbringen werde.

Unser nagender Hunger führt uns raus auf die Straße. Hier begegnen wir zufällig einen jungen Mann namens Nanni. Er wird unser neuer Fahrer. Zu unserer Überraschung fährt er uns in einem alten Jaguar durch Tripolis. Welch ein absurdes Bild inmitten der Zerstörung. Essen gäbe es im ausgebuchten Corinthia-Hotel. Ich erinnere mich gut an dieses pompöse Hotel. Bei meiner ersten Reise galt es als das modernste Luxushotel der Stadt. Hier trafen sich die Geldelite des Landes und Geschäftsmänner aus aller Welt, jetzt ist es eine beliebte Adresse für internationale Journalisten. Vor dem Eingang sehe ich, wie ein Hotelgast sich Wasser vom Zierbrunnen in Plastikflaschen abfüllt. Selbst hier gibt es kein fließendes Wasser mehr. Wir sind eine Viertelstunde zu spät, das Buffet im Speisesaal ist schon abgeweidet. Jürgen und ich teilen uns die jämmerlichen Reste. An einem Tisch bemerke ich eine große blonde Frau, die eine Augenklappe trägt, als sei sie gerade einem Piratenfilm entstiegen: Marie Colvin, die große Kriegsreporterin, deren Arbeit ich so bewundere. Als sie an mir vorbeigeht, lächeln wir uns zu. Ich möchte sie ansprechen, aber ich schaffe es nicht. Schade, denn es wird meine einzige Begegnung mit ihr bleiben. Einige Monate später, im Februar 2012, kommt sie bei einer Recherche in Syrien ums Leben.

Den nächsten Tag verbringen wir mit Nanni. Überall raucht und kokelt es – die Nachwehen einer Stadt, die gerade den Krieg hinter sich hat. Nanni fährt im Slalom an ausgebrannten Autos, Tonnen und Sofas vorbei, an Checkpoints der Milizen, die sich provisorisch einen Tisch auf die Straße gestellt haben. Pick-ups mit aufgestellten Maschinengewehren und bewaffnete Rebellen kommen uns entgegen. Ihnen huldigen an den Häuserwänden Gemälde, die die freie libysche Flagge zeigen. Auch hier verunglimpfen Graffiti den gestürzten Diktator. In der Gasse eines ärmeren Viertels, aus dem während seiner Herrschaft besonders viele Libyer verschwunden sind, baumelt er als ausgestopfte Puppe mit Schlinge um den Hals an einer Stromleitung.

Ein überdimensionales Monument des grünen Buches – Gaddafis Bibel – liegt umgestürzt auf der Straße.

An einer Tankstelle warten Dutzende Autos. Benzin ist knapp – etwas, das den Libyern bislang am wenigsten gefehlt hat. Der Preis liegt inzwischen fünf Mal so hoch wie vor dem Krieg. Nanni hat Angst vor unserem Ziel, dem Abu-Salim-Gefängnis. Ihm haftet noch immer ein einschüchternder Ruf an. Im Sommer 1996 ließ Gaddafi nach einem Aufstand über eintausendzweihundert Insassen hinrichten. Heute rechtfertigen die Rebellen mit dem Massaker ihre Revolution gegen den Despoten.

Als wir uns der Gefängnisanlage nähern, spricht uns ein Mann in Flipflops und mit einem Gewehr auf der Schulter an. Er könne uns reinbringen, sagt er. Wir folgen ihm.

Das Gefängnis steht leer, die unter Gaddafi eingesperrten Oppositionellen wurden freigelassen. Auch der fragwürdige amerikanische Dokumentarfilmer und Rebellenunterstützer Matthew Van-Dyke, der im März 2011 vor Brega festgenommen worden war. Auf einem langen Gang reihen sich zwanzig Zellen aneinander: enge Zimmer, gerade groß genug, um darin zu liegen, mit einem kleinen Fenster, einem Waschbecken und einem Loch im Boden. Ein Insasse hat seine Matratze aufgerollt und mit einem Faden über der Tür verstaut. Zahncreme und Bürste stecken in einer Tüte, aufgehängt an einer Schraube in der Wand. Ein anderer Häftling hat sich aus gebrauchten Tetrapaks einen Fächer gebastelt. Weil es am Ende wohl kein fließendes Wasser gab, sammeln sich in jeder Zelle unzählige

Plastikflaschen. In einigen stehen sie säuberlich in einer Ecke, dienten gar als Müllbehälter.

Viele Gefangene verewigten sich mit Botschaften an der Wand. Ahmed zum Beispiel, inhaftiert am 7. August 2007. Sogar seine Straße hat er mit angegeben. In einer Zelle entdecke ich neben arabischen Schriftzeichen eine Skizze: ein Tor, daneben ein Mensch in einem Lift mit einem Pfeil nach oben. Aus einem der Schlitze in den massiven Zellentüren hängt eine Plastikflasche an einem Faden. Sie muss für die Post benutzt worden sein. Damit haben sie Nachrichten von einem Insassen zum nächsten gependelt.

Im Krankentrakt des Gefängnisses liegt im Flur ein aufgeschlagenes Buch auf einem kleinen Tisch, *Principles and Practice of Medicine*. Daneben Notizbuch und Brille. Wer lässt denn seine Lesebrille liegen? Der Arzt muss gedacht haben, dass er am nächsten Tag ganz normal zu Arbeit gehen würde, oder er muss diesen Ort sehr überhastet verlassen haben.

Auf dem Hof vor dem Gefängnis, auf dem Gaddafi vor Jahrzehnten das berüchtigte Massaker veranstalten ließ, geraten die selbsternannten Chefs – ausgerüstet mit Sonnenbrille und gekleidet in einer Art Fantasieuniform aus zusammengesetzten Camouflageklamotten – aneinander und brüllen los. Ich versuche, mich so unauffällig wie möglich im Hintergrund zu halten. Alle tragen Gewehre, die teils entsichert sind und mit deren Umgang viele keine Erfahrung haben. Wenn ein Streit eskaliert, fallen schnell unkontrolliert Schüsse.

Auf dem Weg zum Flughafen, der unter der Kontrolle der Sintan-Rebellen ist, gibt es einen Checkpoint. Die Sintan-Rebellen schauen genau, wer passieren darf und wer nicht. Für die Tripolis-Kämpfer haben sie nicht viel übrig. Wir beobachten eine Szene, die nur knapp deeskaliert werden kann. Der Kontrolleur lässt uns schließlich passieren. Am Flughafen, einst Prestigeobjekt des Landes, mischt sich die übermütige Freude über den Sieg mit der Anspannung der vergangenen Monate – und der Ungewissheit, wie es nun eigentlich weitergeht mit diesem Land. Durch die imposanten weißen Bögen betreten wir die Halle, in der ich bei meinem ersten Besuch in Libyen ankam. Jetzt fahren hier uniformierte und schwerbewaffnete Rebellen Patrouille. Einer von ihnen gibt uns eine Führung. Draußen stehen zerbombte Flieger auf dem Rollfeld, das eher einem Schrottplatz gleicht. Wir sehen Teile der zerstörten Flugzeugflotte. Riesige Turbinen, Propeller, Räder, Sitze. Drei Flugzeuge habe Gaddafi selbst attackiert. Wahrheit oder Lüge? Wir werden es wohl nie erfahren.

Nur noch wenige Maschinen der landeseigenen Linie Afriqiyah sind noch erhalten. Auch Gaddafis Privatjet ist darunter. Der Diktator hasste es, über ein Meer zu fliegen. Doch noch mehr Sorge bereitete ihm wohl der Gedanke, im Fall eines Angriffs nicht schnell genug fliehen zu können. Deshalb das Tunnelsystem im Palast, deshalb der luxuriöse Privatflieger. An dessen Flanke ist eine kleine Flagge mit den Buchstaben »USA« und den Ziffern 9.9.99 abgebildet. Der Diktator rief die »United States of Africa« aus, um dem Westen ein starkes Bündnis der afrikanischen Länder entgegenzusetzen. Niemand nahm diese Verkündung so ernst wie Gaddafi selbst.

Wir steigen eine Leiter hinauf und stehen schon fast im Cockpit, wo uns zwei adrett gekleidete Männer freundlich grüßen. Gaddafis Piloten sind wie jeden Tag zur Arbeit erschienen. »Und wohin fliegen wir jetzt?«, frage ich sie. Die beiden lachen. Ich scherze gern, um das Eis zu brechen – meistens funktioniert es. Wir folgen den Rebellen durch den Flieger. Ins Schlafgemach des Diktators mit großem Bett, umringt von verspiegelten Wänden. Am Waschbecken liegen benutzte Rasierutensilien und zerknüllte Papiertücher. Im hinteren Teil streifen wir durch die großzügigen beigen Ledersitzreihen.

In der Toilettentür entdecken wir Einschusslöcher, in einem steckt noch die Patrone. Mir schnürt es die Kehle zu. Was, wenn dieses Flugzeug auch beschossen wird? Libyen ist im Kriegszustand, hier kann immer noch alles passieren, jederzeit! Ich fühle mich wie in einem Sarg und will raus. Dränge darauf, den Rundgang abzubrechen.

Zurück in unserem Hotel komme ich in der Lobby mit Dokumentarfilmern von Al Jazeera ins Gespräch. Im Hintergrund wird ihr Equipment zum Auto gebracht: vier Koffertaschen, eine Tonangel, eine große Kamera, vier schusssichere Westen und vier Helme. Der Sender sorgt für die Sicherheit seiner Mitarbeiter. Spätnachts, nachdem ich das Protokoll geschrieben und die Bilder übertragen hatte, gehe ich noch mal raus. Im Dunkeln sehe ich die Glut einer Zigarette. Ein barfüßiger Mann im Tarnanzug tritt in den fahlen Lichtkegel. Es ist Aiman. Was er hier macht, frage ich. »Ich wollte nur sichergehen, dass ihr nicht durch die Hand einer anderen Person umkommt. Das ist mein Job.« Die momentane Lage in Tripolis erscheint mir wie ein Disneyland für Rowdys. Das Ende des Krieges und damit das Ende eines Ausnahmezustandes muss für Leute wie Aiman ein Alptraum sein. In einem geordneten Staat gibt es für solche Menschen keinen Platz. Ich wünsche ihm noch eine gute Nacht und insgeheim gute Besserung.

Den nächsten Tag verbringen wir mit einem Arzt namens Ali Alkerdasi. Das Zentralkrankenhaus, sein Arbeitsplatz, ist ein imposantes Gebäude im italienischen Kolonialstil. Draußen, mitten auf dem Parkplatz, steht ein Krankenbett. Dem Patienten und seinem Freund gefällt es im Freien allem Anschein nach besser. Der Empfang des Krankenhauses besteht aus Alabaster, die Treppen sind aus Marmor. Im Eingangsbereich hängen Bilder von Vermissten an der Wand, darunter die Telefonnummern ihrer Angehörigen. Bis heute gelten fünfzehntausend Menschen in Libyen als vermisst, erzählt uns Ali.

In den Gängen laufen Pfadfinder an uns vorbei, die Freiwilligendienst leisten. Hier wird jede Hilfe gebraucht. Schwerverletzte liegen in den Betten. Zivilisten, die ungewollt in die Schussbahn des Krieges geraten sind. Ein kleiner Junge, vielleicht drei Jahre alt, liegt mit Kopfverband vor mir. Zwei Männer kämpfen nach Kopfschüssen ums Überleben. Ich weiß nicht, ob sie schlafen oder sich im Koma befinden. Neben einer jungen Frau mit aufgerissenen Augen und starrem Blick verzweifelt die Mutter. Nahla heißt das Mädchen, Honigbiene. Das Entsetzen hat sich in ihr Gesicht gemeißelt. Ihr Körper wird querschnittgelähmt bleiben. Ein Mann mit Beatmungsgerät schnappt nach einem Bauchschuss unablässig nach Luft. Hinter ihm höre ich lautes Stöhnen. Ich schaffe es nicht, hinzusehen. Kann nicht noch mehr Leid standhalten. Zu grausam ist es, diese Unschuldigen zu sehen und was der Krieg mit ihnen gemacht hat.

Ali führt uns in einen Raum mit Sitzgruppe und Mahagonischrank. »Das Büro von Hana Gaddafi«, sagt er. Die Adoptivtochter, die beim Anschlag von 1986 als einjähriges Kind umgekommen sein soll? Popstar Lionel Richie gab damals in Libyen ein Konzert für die Gaddafis, um Hanas zu gedenken. Ali erzählt uns, Hana habe in London Medizin studiert und in dieser Klinik als Oberärztin praktiziert – unter ihrem echten Namen. »Jeder kennt sie hier.« Zweifel an ihrem Tod kamen schon Ende der neunziger Jahre auf. Mit ihrer Mutter soll sie Nelson Mandela besucht haben, hieß es damals. Dennoch hielt sich im Westen die Annahme, dass sie tot sei. Spielte er Gaddafis Spielchen mit?

Auch im Fall seines Sohnes Saif al-Arab bin ich mir nicht ganz sicher, was wirklich geschehen ist. Saif lebte rund vier Jahre in München. Bekannte von mir waren ab und zu auf einem Drink mit ihm unterwegs. Aufgefallen ist er in Bayern hauptsächlich durch seinen

Frauengeschmack, seinen Fuhrpark und elf juristische Ermittlungen. Dann wurde er in Libyen für tot erklärt. Todesursache: ein Nato-Luftangriff auf Bab al-Asisija Ende April 2011.

Ali zeigt uns das gesamte Krankenhaus. Er ist nicht nur Arzt, er ist auch Rebell. Auf seinem Handy zeigt er uns stolz ein Foto von sich im Kampfoutfit mit Gewehr. Erst wollten sie einen Kurswechsel Gaddafis erzwingen, meint Ali. Später spitzte sich die Situation so zu, dass sie den Diktator nur noch stürzen wollten. Also besorgten sie sich Waffen – von Gaddafis Anhängern. »Sie haben ihn nicht geliebt, sie hatten Angst vor ihm.« Und: Sie brauchten Geld.

Er setzt sich zu Jürgen. Dann erzählt er, wie die Rebellen Tripolis in nur einem Tag einnehmen konnten. Das Entscheidende: perfekte Vorbereitung und gute Vernetzung. Weil sie wussten, sie würden in staatlichen Kliniken nicht verarztet, richteten sie versteckte Krankenstationen ein. Die Rebellen aus Sintan, Sawia und anderen Teilen des Landes standen in ständigem Kontakt mit Rebellen in der Stadt, die jederzeit Gefahr liefen, entdeckt zu werden. Für die Kommunikation benutzten sie Satellitentelefone. Wenn sie jemand mit so einem Telefon erwischt hätte, wären sie sofort erschossen worden.

Am 19. August 2011 zum Abendgebet gaben die Imame über die Lautsprecher das kodierte Signal. Jetzt konnte es losgehen. Die Kontaktleute innerhalb der Stadt räumten Tische, Stühle und sonstigen Hausrat auf die Straßen, um den Durchgang zu versperren. Die Wagen von Gadaffis Soldaten kamen nicht mehr durch die verstopften Gassen. Dann fielen die Rebellen von außen in Tripolis ein. Sie besetzten zentrale Gebäude der Stadt. Später auch den Flughafen, das Gefängnis, den Sitz des Herrschers, den sie in die Flucht schlugen. Hunderttausend Aufständische gegen fünftausend Gaddafi-Soldaten. Innerhalb von kürzester Zeit gehörte die Stadt ihnen, erzählt er uns.

Ali führt uns zu einer Patientin. Eine Frau mit Schusswunde. Sie war eine Anhängerin des Despoten, die bis zum bitteren Ende blieb, länger als ihr Herr selbst. Die Frau stöhnt, als der Vorhang zur Seite geschoben wird. Sie nimmt die Hand vor ihr Gesicht und will, dass ich gehe. Bis vor Kurzem gehörte sie zu Gaddafis berühmter Amazonengarde. Um die stets mit Lippenstift und lackierten Nägeln herausgeputzten Elitegardistinnen ranken sich Legenden. Gaddafi soll sie im Schulalter aus der Wüste rekrutiert und ihnen ein hartes Spezialtraining verordnet haben. Die »Nonnen der Wüste«, die angeblich allesamt Jungfrauen sein mussten, zählten zu Gaddafis engstem Vertrauenskreis, lebten teilweise mit ihm zusammen. Das könnte der Grund sein, warum die Frau vor mir so lange im Palast ausharrte, bis die Rebellen ihn stürmten und der Feindin einen Bein- und Bauchschuss verpassten. Ob er sich etwa an ihr rächen wolle, frage ich Ali. »Nein«, antwortet er. »Sie ist jetzt eine meiner Patientinnen.«

In dem Krankenhaus gibt es momentan kein Wasser. Um den Boden zu putzen, werden wieder und wieder Wassereimer herangeschafft. Draußen treffen wir auf Schüler, die zum Saubermachen gekommen sind. Da die Gastarbeiter das Land verlassen haben, legen sie nun selbst Hand an.

Später entdecke ich in der Stadt ein kleines Geschäft, dessen Rollläden noch halb geschlossen sind. Vorsichtig klopfe ich an, denn ich möchte ein Kleid für die in wenigen Tagen stattfindende Hochzeit meiner Freundin kaufen. Mit einem pinkfarbenen verlasse ich den Laden und schlendere weiter. Erst jetzt fallen mir die malerischen Gassen auf, die bunt verzierten Türen, die Stadtmauern. Ich denke an meinen Besuch der antiken Stadt Leptis Magna, die zum Weltkulturerbe erklärt wurde. Erinnere mich, wie begeistert ich damals war, und frage mich, ob die jahrtausendealte Stadt auch diesen Krieg überlebt.

Es ist bereits Nacht, als ich mit Jürgen durch ein kleines Tor in die Altstadt laufe. Die Gassen sind noch immer zugemüllt, der Gestank unerträglich. Aus der Entfernung hören wir Schüsse. Als wir den Grünen Platz, den Kern des Stadtzentrums, erreichen, ballern Hunderte Rebellen wie auf einem Schlachtfeld wild durcheinander. Sie haben Unmengen an Gewehren und veraltetem Flugabwehrgeschütz bei sich. Jugendliche haben zwei Wunderkerzen angezündet und tanzen zu Trommelschlägen. Ein Mädchen mit zerzausten Haaren, eine Art lybische Ronja Räubertochter, tanzt auf dem Brunnen und streckt mir das Victory-Zeichen entgegen. Kinder rennen umher, ein Mann warnt uns vor Fehlschüssen und Querschlägern, während er seine Kalaschnikow anhebt und das Magazin leerschießt. Ich habe das Gefühl, mein Trommelfell platzt. Auf dem Rückweg zum Hotel dringt jedes Geräusch nur noch gedämpft zu mir durch.

Am nächsten Morgen sieht alles anders aus. Auf den Straßen ist das Leben zurück. Heute feiert die muslimische Welt Eid al-Fitr, das Fest des Fastenbrechens.

Der Grüne Platz ist herausgeputzt, die Überbleibsel der wilden Schießerei wurden entfernt. Tausende Menschen haben sich zum Gebet versammelt. Teppiche werden ausgebreitet. In einem gleichbleibenden Rhythmus ertönt immer wieder das »Allahu Akbar«. Während auf den Häusern ringsherum Scharfschützen patrouillieren, geht ein Murmeln durch die Menge. Plötzlich erheben sich tausende Hände Richtung Himmel und zeigen das Victory-Zeichen. Hunderte von Frauen jubeln und trillern mit hoher Stimme. Was für ein bewegendes Bild! Sie alle haben diesen Krieg überlebt, haben Freunde, Kinder, Väter verloren – und stehen nun vereint auf diesem Platz. Ich drücke ununterbrochen den Auslöser meiner Kamera, um diesen historischen Moment einzufangen. »Genug jetzt!«, ruft der Imam in die Menge. Dann versinken die Gläubigen im Gebet. Sie knien sich auf ihre Teppiche und huldigen ihrem Gott. Zum ersten Mal nach vierzig Jahren feiern sie das Ende des Ramadans ohne Gaddafi als Staatsoberhaupt. Viele von ihnen kennen kein Libyen ohne ihn. Auch für das Ausland war Gaddafi Libyen und Libyen Gaddafi. Kurz darauf traten wir die Heimreise an.

Bei einer Pause auf dem Weg nach Tunesien beobachte ich eine Gruppe von Rebellen, die einen vornehm gekleideten Herrn schikanieren. Sie reden auf ihn ein, schubsen ihn, dann rammen sie ihm einen Gewehrkolben in den Rücken. Während der Mann zu Boden sackt, lächelt er seinen kleinen Sohn an, der neben ihm steht und alles mit ansehen muss. Als Familienoberhaupt so gedemütigt zu werden, bedeutet, Ansehen, Ehre und seinen Stolz zu verlieren. Doch hier geht es allem Anschein nach um mehr. Diese Rebellen haben ihren Spaß am Erniedrigen, nehmen den Mann mit. Sie missbrauchen ihre neugewonnene Macht.

Am Tag nach der Landung in Deutschland stehe ich neben meiner Freundin Laura am Traualtar in Schloss St. Emmeram. Mein Kopf ist noch im halb zerstörten Libyen, mein Körper steht herausgeputzt im Prachtbau. In keiner dieser beiden Welten bin ich zu Hause. Und doch war es wichtig, nach Tripolis zu reisen und es zur Hochzeit zu schaffen. Zu viele Freunde habe ich wegen meines Jobs schon enttäuscht, einige dadurch verloren. Wir feiern ein rauschendes Fest, im pinkfarbenen Kleid, feiern die Liebe, die heile Welt. Jahre später zieht Laura nach Katar, wird unter dem Namen Laura von Arabien die berühmteste Falknerin in der arabischen Welt. Ihre Ehe zerbricht, unsere Freundschaft nicht.

Streubomben im Paradies

Sudan, Nuba-Berge, Februar 2017

Sein glatt rasierter Kopf, die dunklen Augen, die aufmerksam durch die runden Brillengläser blicken, seine weisen Worte – er kommt mir vor wie eine Reinkarnation Gandhis. In seinem grünen Operationskittel betritt Dr. Tom das kleine Häuschen, in dem ich auf ihn warte. Im Vorfeld hatte ich viel über ihn recherchiert und bin nervös, da ich ihn nun persönlich treffe. Das passiert mir eigentlich nie, doch diesen Mann bewundere ich für sein Engagement, für sein Durchhaltevermögen. Ich schätze ihn dafür, dass er Hoffnung gibt, den Menschen hier und auch Menschen wie mir. Er zeigt, dass es sehr wohl möglich ist, das Richtige im Leben zu tun. Um Dr. Tom zu treffen, habe ich eine gefährliche Reise auf mich genommen.

Mit einem kleinen Flieger bin ich zwei Tage zuvor in die südsudanesische Hauptstadt Juba geflogen. Nur über den weiten Umweg über den Südsudan gelange ich zu meinem Ziel – den Nuba-Bergen im Sudan. Das Land ist erst seit 2011 ein eigener, vom Sudan unabhängiger Staat. Doch das jüngste Land der Welt wird von einem brutalen und äußerst blutigen Bürgerkrieg heimgesucht. Die Lage ist unübersichtlich, die Zuständigkeiten sind unklar und verändern sich stetig. Auch wegen fehlender Papiere sollen wir das Flughafengelände nicht verlassen.

Der Weiterflug verzögert sich, da unser Kontaktmann, ein österreichischer Ordensbruder, nicht mit der vereinbarten Ladung Benzin eintrifft. Ohne Treibstoff müssen wir auf dem Boden bleiben. Die Abfertigungshalle ist improvisiert, unbefestigte Bretter führen über den sandigen Boden. Genau hier, auf diesem Flughafen, hielt

Südsudans Präsident Salva Kiir Mayardit – sein Markenzeichen ist ein Cowboyhut, den er von George W. Bush geschenkt bekommen hatte – 2015 eine mehr als fragwürdige Rede. Sein Appell an Presse und Menschenrechtsorganisationen lautete: »Sollten einige [Journalisten] unter Ihnen nicht wissen, dass dieses Land Menschen getötet hat – dann werden wir das eines Tages an Ihnen demonstrieren.« Diese »Pressemitteilung«, die eher als unverblümte Morddrohung an Journalisten zu verstehen ist, sollte wenige Tage später in bittere Realität umschlagen: Auf offener Straße wurde der Reporter Moi Peter Julius in Juba erschossen; er war hier bereits der siebte ermordete Journalist in diesem Jahr. Mein Bedürfnis, mich in der von Chaos beherrschten Stadt umzusehen, hält sich daher in Grenzen.

Zwei Stunden warten wir in glühender Hitze, bis der Ordensbruder, ein sportlicher, weißhaariger Mann, auftaucht. In heller Aufregung erzählt er uns, dass er auf dem Weg hierher überfallen wurde. Die Räuber hätten ihn mit einer Pistole bedroht und ihm das Benzin abgenommen. Da er sich nicht wehrte, gab es diesmal keine Schlägerei – zweimal wurde er bei Überfällen fast totgeprügelt. Nur unter großer Mühe habe er es geschafft, neues Benzin zu besorgen. Er übergibt uns die Kanister, bevor er wieder abfährt und in die anarchische Welt des Südsudans eintaucht.

Wir wollen das Areal des Flughafens von Juba endlich verlassen. Unser Fahrer drückt aufs Gas. »Keine Fotos! Keine Fotos!«, schreit er.

Endlich bin ich auf dem Weg in die unzugänglichen Nuba-Berge. Die sudanesische Regierung hat diese Region hermetisch abgeriegelt. Weder Nichtregierungsorganisationen noch humanitäre Helfer erhalten Zutritt. Das Gebiet, zweimal so groß wie die Schweiz, ist tabu. Natürlich sind auch Reporter unerwünscht. Wie immer, wenn es keine Zeugen geben soll. Die Rechnung geht auf: Kommen keine Journalisten rein, dringen auch keine Nachrichten nach draußen.

Seit Jahren wollte ich diese Region mit eigenen Augen sehen. Ich möchte ihre Geschichte und die ihrer Bewohner erzählen, denn der langandauernde Krieg gegen die Nuba und die damit verbundenen schweren Menschenrechtsverletzungen werden von der Weltöffentlichkeit ignoriert. Manchmal scheint es mir so, als wende sie sich nur denen zu, die im Licht, die online sind. Doch nur weil manche Konflikte unzugänglich sind, heißt es nicht, dass sie nicht existieren. Schlimmer noch: Ohne Beachtung von außen und ohne Korrektiv können sie wachsen und irgendwann – dann schwer kontrollierbar – auch an unsere Tür klopfen, Stichwort Kriegs- und Klimaflüchtlinge. Diese Probleme sind real.

Journalismus bedeutet für mich, diese versteckten Ecken auszuleuchten. Deshalb muss ich diesen vergessenen Krieg dokumentieren. Zunächst wusste ich nicht, wie. Dann aber bot sich überraschend die Möglichkeit, einen Medikamententransport einer Hilfsorganisation in die Nuba-Berge zu begleiten. Wie so oft war es ein kleines Zeitfenster, durch das man hindurchschlüpfen muss, bevor es sich für immer schließt. Plötzlich ging alles ganz schnell: In Kenias Hauptstadt Nairobi traf ich meine Mitreisenden, David, der die Expedition organisierte, und die amerikanische Journalistin Melinda.

Unser Fahrer hält an, wir haben nun das Frachtflugzeug erreicht. Die ukrainischen Piloten mit rötlichen Gesichtern und kurzärmeligen weißen Hemden begrüßen uns kaum. Sie erinnern mich an den Film *Lord of War – Händler des Todes*, in dem Nicolas Cage sich von einem normalen Frachtunternehmer zu einem skrupellosen, international agierenden Waffenhändler wandelt. Unser Kopilot, dessen Fluglinie auch in der Ukraine gemeldet ist, kommt aus Indien. Alle packen jetzt an, um die Ladung – immerhin fünf Tonnen Medizin – an Bord zu bringen. Ob sie generell auch anderes Versandgut transportieren, weiß ich nicht.

Mit ein paar Gurten befestigen die Männer notdürftig die Ladung. Zwischen den Kartons nehmen wir Mitreisenden Platz. Die Ladeklappe schließt sich, der Flieger rollt los. Sitzgurte gibt es im Laderaum nicht. Ich hoffe nur, dass wir nicht in Turbulenzen geraten. Denn sollte die tonnenschwere Fracht auf eine Seite des Fliegers rutschen, wird das Flugzeug Schlagseite bekommen und wahrscheinlich abstürzen.

Dröhnend rotieren die Propeller. Bevor wir abheben, klettere ich über die Pakete, die Benzinkanister und einen Ersatzreifen in das enge und laute Cockpit. Der Kopilot reicht mir einen Ohrenschutz und dreht an ein paar Knöpfen. Die Piste ist frei. Wir geben Gas, und das tonnenschwere Gerät hebt ab. Unter uns breitet sich rotbräunliche, leere Wüste aus. Da! Erdölraffinerien. Auch hier gibt es also den heiß begehrten Rohstoff. Kein Wunder, dass hier so viele unterschiedliche Interessengruppen unter fadenscheinigen Vorwänden agieren. Ich sehe kleine weiße Flecken, die ich nicht identifizieren und deshalb nur hoffen kann, dass es sich nicht um abgestürzte Flugzeuge handelt. Unter uns taucht eine Ansammlung abertausender Zelte auf, das Flüchtlingslager Yida. In dieses Meer von Zelten und einfachen Hütten haben sich mehrere Zehntausend Menschen aus Südkordofan im Süden des Sudan vor Bomben und Hunger gerettet. Eine harte Landung auf der Piste, dann sind wir da.

Auf der holprigen Landebahn kommen wir in der Nähe eines großen verunglückten Flugzeugs zum Stehen. Wie Orgelpfeifen stehen kleine Kinder zwischen mannshohen Termitenhügeln in der prallen Sonne und beobachten die Neuankömmlinge aus sicherem Abstand. Als der Pilot mit zwei leeren Plastikflaschen winkt, rennt die Meute auf uns zu. Die Kinder freuen sich riesig über das Geschenk und verschwinden feixend in einer roten Windbö. Sofort eilen Helfer herbei und entladen den Frachtraum. Ein langer, schlecht gelaunter Mann in einem beigen Anzug steuert auf mich zu. Er schaut mich böse an und nimmt mir meine 360-Grad-Kamera weg. In autoritärem Ton stellt er mich zur Rede. Wer mir die Erlaubnis gegeben hätte zu filmen? Die Kamera sei konfisziert, ich könne mich auf großen Ärger einstellen. David und Melinda mischen sich nicht ein, ich bin hier auf mich allein gestellt. Jeder von uns dreien will hier seinen eigenen Auftrag erfüllen und sich davon nicht abbringen lassen. Dafür habe ich Verständnis.

Der selbsternannte Aufpasser wird aggressiv und geht auf keines meiner Argumente ein. Meine Kamera rückt er nicht mehr heraus. Auch wegen seiner Größe komme ich mir wie ein hilfloses Kind vor. Jetzt möchte er weitere Papiere sehen, die ich angeblich benötige, um mich hier aufhalten zu dürfen. Nach einschlägigen Erfahrungen in anderen Ländern möchte ich auf jeden Fall vermeiden, in eine nie enden wollende Bürokratieschleife zu geraten. Einmal darin verwickelt, gibt es kein Entkommen mehr, da nach jedem beschafften Dokument hydraartig eine andere Behörde erscheint, die etwas Neues fordert.

Der indische Kopilot mischt sich ein und versucht, den Mann zu beruhigen. Nach einem inhaltsleeren Hin und Her wird mir klar, dass es gar nicht um ein Dokument, sondern um Respekt geht: Der Mann in Beige hat ein Egoproblem. Ich zeige mich verständnisvoll, gebe ihm Recht und entschuldige mich ausführlich dafür, dass ich mein Eintreffen nicht mit der UN und ihm abgesprochen habe. Ja, die UN hätte ihn persönlich informieren müssen, und ich werde nie wieder einen solchen Fehler begehen, das sei respektlos. Ich entschuldige mich noch einige Male und versichere, mich an höchster Stelle in der UN zu beschweren. Erst jetzt scheint seine Ehre wiederhergestellt zu sein. Er reicht mir meine Kamera und lässt mich gehen. Der Wunsch nach Anerkennung ist allem Anschein nach ein universales Bedürfnis.

Doch nun haben wir eine neue Erschwernis. Ohne einen Fahrer kommen wir nicht vom Fleck. Der, den wir engagiert haben, lässt sich nicht blicken. Im nahe gelegenen Camp einer amerikanischen Freikirche dürfen wir ein Zelt beziehen, in dem wir auf unsere Weiterfahrt Richtung Nordsudan warten. Auf dem Feldbett sitzend vergehen Stunden um Stunden. Es wird Abend, Nacht, Morgen. Die Geduld der Missionare, unserer Gastgeber, wird auf eine harte Probe gestellt. Da es in den Nuba-Bergen kein Telefonnetz gibt, ist die Kommunikation extrem schwer und zeitraubend. Wir können niemanden erreichen, uns bleibt nur zu warten.

Endlich erscheint Dr. Ahmed Zacharia, der uns über die Grenze bringen wollte. Sein Auto sei stehen geblieben, erzählt er. Zwei Tage sei er gelaufen und habe am Straßenrand geschlafen. Einfach so im Freien auf dem Boden?, frage ich. »Ja, das ist nichts Außergewöhnliches.« Weil ich einem Lagerkoller vorbeugen will, verlasse ich mit Dr. Ahmed das Camp.

Im Lauf des Gesprächs mit dem hochgewachsenen Arzt begreife ich, dass er nie eine Universität von innen gesehen hat. Den Großteil seiner ärztlichen Kenntnisse habe er sich bei einem amerikanischen Arzt in den Nuba-Bergen abgeschaut oder selbst beigebracht. Warum er ausgerechnet Arzt werden wollte, frage ich ihn. »Die Verletzten brauchen Hilfe.« Es sei ihm nichts anderes übriggeblieben, für eine Million Nuba gebe es einzig den Amerikaner als permanenten Arzt. Die Menschen müssten regelmäßig Bombardements über sich ergehen lassen, es gebe viele Verletzte. Mit einem verdorrten Stöckchen zeichnet er einen Kreis in den Sand, der den Aufprall einer Streubombe darstellen soll. »Nach dem Einschlag verbreiten sich die Bombensplitter sternförmig in der Umgebung. Erbarmungslos zerschneiden sie alles, was sich ihnen in den Weg stellt. Deshalb diese Erdlöcher«, sagt er. In sie springe man hinein und mache sich so klein wie möglich, um den herumfliegenden Beilen zu entkommen. Ob er selbst schon in eine solche Situation geraten sei, frage ich ihn. »Ja, natürlich. Oft.«

Checkpoint im Niemandsland

Bei einem Angriff vor nicht allzu langer Zeit musste er sich das Erdloch mit einem anderen Mann teilen, beide duckten sich. Dann lief eine warme, rote Flüssigkeit an Dr. Ahmed herunter. Dem Nachbarn war das Gesicht abgeschnitten worden, ihm war nicht mehr zu helfen. Nachdem die letzte Bombe gefallen war, lief Dr. Ahmed los, um den anderen Verletzten im Krankenhaus zu helfen. Alle schrien, als sie ihn blutüberströmt herbeieilen sahen. Er rief den aufgeregten Menschen zu: »Beruhigt euch, eurem Arzt geht es gut. Das ist nur das Blut des anderen Mannes.« Während er mir diese Geschichte mit einem verstörend ausgeprägten Stolz in der Stimme erzählt, lächelt er. Dieses Lächeln ist unangebracht, aber es irritiert mich nicht. Ich kenne es aus anderen Gesprächen über solch ernste Themen. Auch mir passiert es gelegentlich, wenn ich von meinen Reisen in Kriegsgebiete erzähle. In meinem Fall zumindest handelt es sich offenbar um eine Art Übersprungshandlung. Ist eine Situation besonders grausam oder belastend, reagiert das Hirn nicht mit der naheliegenden Gefühlsregung, sondern mit der gegenteiligen.

Wir wollen noch heute weiter in den Sudan, sonst reicht die Zeit nicht mehr. Und tatsächlich, bevor wir, die ungebetenen Gäste, den Missionaren ihren gesamten Vorrat an Instantkaffee leertrinken, trifft unser Fahrer mit einem Auto ein. Ein neues Gefährt aufzutreiben war ein schwieriges Unterfangen, da es in den Nuba-Bergen kaum Autos und nur selten die nötigen Ersatzteile gibt. Auch unser Kontaktmann Mustafa ist eingetroffen. Für uns geht es also endlich los Richtung Grenze. Dr. Ahmed überwacht den separaten Medikamententransport.

Wir haben keinerlei Papiere, die uns die Einreise in den Sudan, geschweige denn den Aufenthalt dort genehmigen. Hinzu kommt, dass wir mit Regierungsgegnern unterwegs sind. David schärft uns ein, dass wir uns so unauffällig wie möglich verhalten sollen.

Nach einer halben Stunde erreichen wir einen belebten, staubigen Ort. In den dreckigen Hütten mit Blechdächern gibt es Taschentücher, Batterien und Saft in Tetrapaks zu kaufen. Unser Fahrer steigt aus und verschwindet in einer der Hütten, um Benzin aufzutreiben. In diesem sandigen Dorf scheint ein reger Handel stattzufinden. Die Menschen wirken gestresst und nicht besonders freundlich. Wir dürfen keine Fotos machen und das Auto nicht verlassen, um keine Aufmerksamkeit zu erregen.

Ich muss an die Telefonate denken, die ich erst vor einer Woche mit der Bundeswehr geführt habe. Sie hat mir natürlich dringend von der Reise abgeraten. Es bestünde die Gefahr, dass ich einfach auf Nimmerwiedersehen verschwände, im Nichts zwischen den beiden sudanesischen Ländern, die vor der Teilung noch das größte Land Afrikas waren. Auch ein abgesetztes Satellitensignal würde nicht helfen, es sei wie eine Stecknadel im Heuhaufen. Ein anderer Sicherheitsexperte meinte, die Chancen, heil wieder herauszukommen, lägen bei eins zu zehn. Natürlich sorge ich mich nach solchen Gesprächen, aber ich weiß auch, dass sie das sagen müssen, um nicht fahrlässig zu handeln und ihrer Verantwortung nachzukommen. Der Sudan blickt schließlich auf eine lange Geschichte von Entführungen zurück.

Eine andere Nachricht beunruhigte mich mehr. Amnesty International hatte mitgeteilt, dass der Einsatz von chemischen Waffen seitens der Regierung wahrscheinlich sei. Nachprüfen konnten sie es nicht. Sie mussten sich bei ihren Ermittlungen auf Skype-Telefonate beschränken. Der von mir bewunderte Reporter Wolfgang Bauer hatte vor Ort recherchiert, das Ergebnis einer Bodenentnahme war allerdings negativ. Jetzt kreisen wieder diese Gedanken in mir. Was, wenn es doch stimmt? Aber es ist ohnehin zu spät. Es gibt kein Zurück mehr, ich kann ja nicht aussteigen und weglaufen.

Während der Weiterfahrt bemerke ich Menschen, die Waffen tragen. Wir nähern uns einem großen Schatten im Staub. Ist es eine Fata Morgana? Wohl kaum. Ich erkenne klar die Tragfläche. Als sich die Sandwolke legt, erscheint neben der Spur ein großes verunglücktes Flugzeug, das von einem Bewaffneten bewacht wird. Ich darf den Bruchvogel nicht fotografieren, was ich dennoch tue.

Die anfänglichen Sandstraßen verwandeln sich in Schotterpisten und lösen sich irgendwann ganz auf. Ab und zu sehen wir noch einzelne Gestalten, die Fahrräder schieben, dann bleiben auch sie aus. Jetzt sind wir im Niemandsland. Irgendwo hier verläuft die Grenze zwischen dem Südsudan und dem Sudan. Seit einiger Zeit schwimmt das Auto nur noch auf dem Sand, und wir müssen die Route zwischen Büschen erahnen.

Abgestürztes Flugzeug

Das Leben hier unterliegt dem immer gleichen Rhythmus. Trocken- und Regenzeit bestimmen nicht nur die Landwirtschaft, sondern auch die Kämpfe in dieser Region. In der Trockenzeit gewinnen die Regierungstruppen die Oberhand, in der Regenzeit ihre Gegner. In diesem Fall sind das die Rebellen, die sich von der Sudanesischen Volksbefreiungsbewegung SPLM (Sudan People's Liberation Movement), der heutigen Regierungspartei des Südsudan, abgespalten haben. Geografisch sind die Nuba-Berge zwar Teil des Sudan, kulturell, ethnisch und traditionell fühlen sich die Nuba jedoch dem Südsudan zugehörig. Sie sind Afrikaner, welche die Politik der Regierung im arabisch geprägten Norden als diskriminierend empfinden. Deshalb fordert die Befreiungsarmee von der sudanesischen Regierung in Khartum ihre Rechte ein. Der Krieg brach 2011 aus, direkt nach der Unabhängigkeit des Südsudans. Die sudanesische Regierung geht hier in den Nuba-Bergen nicht nur gegen die Rebellen, sondern auch brutal gegen Zivilisten vor.

Rechts neben dem Auto lodert eine große Fläche im Busch. Die Rebellen brennen das Dickicht aus, um anrückende Regierungstruppen erkennen und Großbrände verhindern zu können, wenn Bomben fallen. Die Fahrt zieht sich. Nach Stunden sehe ich durch unsere gesprungene Windschutzscheibe zwei Männer in grünem Kampfanzug. Mit Maschinengewehr auf dem Rücken wirken sie angsteinflößend. Doch nach kurzer Begrüßung lächeln sie kurz – das Zeichen, dass sie uns als Freunde betrachten. In einem anderen Zusammenhang würde ich ihnen nicht gern begegnen. Wir halten an, schalten den Motor ab – was ich für keine gute Idee halte – und unterhalten uns mit ihnen. Etikette muss auch im Niemandsland sein.

Plötzlich bilde ich mir ein, eine große, auf uns zurollende Kugel zu erkennen. Die ratternde Staubwolke nimmt allmählich die Kontur eines großen Traktors an. Ungefähr neun Männer, an den Füßen nur Sandalen, sitzen pyramidenförmig auf der mit Säcken bepackten Ladefläche. Ein altes Schornsteinrohr dient als Auspuff. Es seien Flüchtlinge, wird mir gesagt. Dann verschwindet das Gefährt in einer immer kleiner werdenden Sandglocke. Diese Begegnungen sind so surreal. Hätte ich kein Foto gemacht, wäre ich mir danach nicht sicher, ob es nicht doch nur Einbildung war. Diese wagemutigen Glücksritter wissen nichts über die Welt da draußen. Wie auch, ohne Internet und Fernsehen. Was denkt dieser junge Mann mit goldener Sonnenbrille, wie weit er in seinen Gummisandalen kommt? Ist es gefährliche Naivität oder grenzenloser Mut, der ihn antreibt? Meine Gedanken werden durch die lauten Versuche, den Motor zu starten, unterbrochen.

Glücksritter

Wie ich befürchtet habe, springt unser Auto nicht mehr an. Was jetzt? Ungefragt helfen uns die beiden uniformierten Männer, den Wagen anzuschieben. Beim dritten Versuch klappt es. Ich bin erleichtert, nicht hier übernachten zu müssen. In solchen Gebieten habe ich großen Respekt vor der Dunkelheit, denn sie verändert das Wesen der Menschen.

Nach einer Stunde Fahrt durch das trockene Buschland steht plötzlich, wie aus dem Nichts, ein Kontrollposten vor uns. Die aus einem Stock bestehende und mit Schnüren befestigte Schranke wird von einem Soldaten geöffnet. Wir dürfen passieren. Nun sind wir im sudanesischen Bundesstaat Südkordofan, dem Hoheitsgebiet des Nordens. Beim Passieren von Grenzübergängen dieser Art sollte man die Nacht tunlichst meiden, da es zu Verwechslungen mit üblem Ausgang kommen kann. Nicht selten werden Unschuldige durch Friendly Fire getötet.

Doch wir haben es vor dem Sonnenuntergang geschafft. Nun endlich zeigt die stechende Sonne Erbarmen, indes ist der Staub in jede Ritze unserer Kleidung, in die Nasenlöcher und Augen gekrochen. Wir brauchen dringend Wasser. Alle haben viel zu wenig getrunken und sind dehydriert. In Deutschland hielt ich eine Wasserpumpe und eine teure Stirnleuchte für rausgeschmissenes Geld, doch jetzt retten mich diese Anschaffungen. Ich möchte mir nicht ausmalen, was passieren würde, müssten wir uns in der Hitze um trinkbares Wasser streiten.

In der Finsternis nähern wir uns einem kleinen Brunnen, aus dem ich Wasser pumpen kann. Seit ich mir nur zwei Jahre zuvor durch dreckiges Wasser im Kongo einen lebensgefährlichen Amöbenabszess zugezogen hatte, der mich lange ans Krankenhausbett fesselte, bin ich vorsichtig. In so einem Gebiet muss der Körper funktionieren. Eine kleine Unachtsamkeit, etwa in einen rostigen Nagel zu steigen, und die Tage werden zum Alptraum. Rein logistisch wäre es unmöglich, einen Menschen mit einer Blutvergiftung innerhalb von achtundvierzig Stunden hier rauszubringen. Allein das Fehlen von sanitären Einrichtungen machen aus einer solchen Situation ein Horrorszenario. Abgesehen davon wäre ein extra Wagen nicht aufzutreiben, und die Gruppe würde nicht warten können. Auf dieser Expedition ist jeder für sich selbst verantwortlich.

Mitten in der Nacht erreichen wir das »Krankenhaus« von Dr. Ahmed. Stolz zeigt er die neuen Medikamente und seinen Operationssaal. Es gibt keinen Strom, deshalb sehen wir nur den Ausschnitt, den meine Taschenlampe erhellt. Etwa ein Dutzend verschiedene Operationssets liegen in Baumwolle gewickelt bereit, auch für Amputationen. Es sind nur wenige Medikamente und Betäubungsmittel vorhanden. Weiter hinten in einer windigen Strohhütte besuchen wir die Kranken, die auf Holzpritschen im dunklen und zugigen Raum liegen. Dr. Ahmed ist so stolz auf seine »Klinik«, dass er unseren geschockten Gesichtern glücklicherweise keine Beachtung schenkt. Eine Amputation ohne genügend Betäubungsmittel, ohne Strom, ausgeführt von einem Autodidakten inmitten des Nichts – das hat etwas Mittelalterliches. Auch das ein Alptraum.

Auf der Weiterfahrt schlafe ich erschöpft ein und schrecke nur hoch, wenn mein Kopf gegen das Autofenster schlägt. Als ich aufwache, steht das Auto. Wieder eine Panne, mitten im Kriegsgebiet in tiefer Nacht. Unser Fahrer hat bis jetzt kein Wort gesprochen. Mehrfach versucht er, den Motor wieder anspringen zu lassen. Vergebens. Unser aller Müdigkeit tut schon fast weh, aber wir müssen uns etwas einfallen lassen, denn wir wollen hier weg. Der Fahrer steigt aus, öffnet die Motorhaube, nimmt ein Kabel in seinen Mund. Was macht er? Im Lichtkegel meiner Stirnlampe sehe ich, wie er das Benzin in seinen Mund saugt und ausspuckt. Diesen Pumpvorgang wiederholt er mindestens fünfmal. Der arme Mann ist todmüde, sein Mund voller Benzin, aber er fühlt sich verantwortlich. Er legt sich unter das Auto und beginnt zu schrauben.

In der Ferne bemerke ich aufzuckende Flammen. Was, wenn wir angegriffen werden? Wir sind mit der Karre mitten auf freier Straße gestrandet, unbewaffnet und hilflos. David holt sein Satellitentelefon aus dem Rucksack. Doch bevor er es benutzen kann, muss er herausfinden, wie man es zusammenbaut. Das dauert. Als ich ihn nach einer halben Stunde frage, ob er es geschafft habe, antwortet er: »Ja.« Und? »Ich habe das Telefon bereit, aber nicht telefoniert.« Warum nicht? »Ich weiß nicht, wen ich anrufen soll.« Er hat Recht. Wir

Autopanne in der Nacht

sind mitten in den Nuba-Bergen, hier gibt es kein Handynetz. Die Einzigen, die uns helfen können, haben kein Telefon, keinen Strom, geschweige denn Zugriff auf ein Satellitentelefon. Abgesehen vom Auto befinden wir uns gefühlte hundert Jahre zurück in die Vergangenheit versetzt.

Unser Fahrer verabschiedet sich und verschwindet in der Dunkelheit. Er will Hilfe holen bei einem Bauern, der etwa eine Stunde Laufmarsch entfernt wohnt. Unser Kontaktmann Mustafa breitet eine kleine Decke auf dem Boden aus. Ich habe Bedenken wegen der Tiere, möchte nur ungern Bekanntschaft mit Schlangen oder Skorpionen machen. Aber die Hinterbank des Autos und die Vordersitze sind schon belegt. Ich steige aufs Autodach, wo ich vor dem Ungeziefer geschützt bin und mich ausstrecken kann. Abgesehen vom

Feuer in der Ferne gibt es keine einzige Lichtquelle weit und breit. Absolute Stille. Ich nehme mir fest vor, nicht einzuschlafen, um etwaige Angreifer zu bemerken.

Die Sterne erscheinen in dieser glasklaren Nacht zum Greifen nah. Jahrtausende haben die Menschen ihr Schicksal von den Konstellationen der Himmelslichter leiten lassen – und heute? Die meisten Menschen kennen keine Sternbilder mehr, in den Städten sehen sie die Sterne nicht einmal. Wann habe ich sie das letzte Mal bewusst betrachtet? Es war in der Nacht, in der libyschen Wüste, als ich mich kurz ausruhte, bevor ich weiterlief. Will uns dieses Funkeln ins Dunkel der Wüste etwas mitteilen?, fragte ich mich damals. Meine Gedanken tragen mich fort.

Plötzlich schrecke ich auf – ich muss wohl doch eingeschlafen sein. Schritte in der Dunkelheit, mein Herz rast. Im Kreis der Taschenlampe kann ich niemanden erkennen, doch das Geräusch nähert sich. Entwarnung. Es ist unser Fahrer, der zurückgekehrt ist. Er hat einen Kanister und ein paar Kabel mitgebracht. Nach kurzer Zeit sitzen wir alle wieder im fahrenden Auto, um zu unserem Nachtlager zu gelangen. Wir kommen im eigens geschaffenen Gesundheitsministerium unter, einem kleinen Haus ohne Strom. In einem dunklen Zimmer erkennen Melinda und ich zwei Betten, auf die wir uns erschöpft fallen lassen.

Am nächsten Morgen werden wir von zwei aufgebrachten braunen Hühnern geweckt, die vom Tisch auf mein Bett springen, um dann laut gackernd den Raum zu verlassen. Fließendes Wasser gibt es nicht, aber wir dürfen uns aus einer Tontonne bedienen. Mustafa bietet mir zum Frühstück einen Keks an, dann ziehen wir weiter. Im Licht der ersten Sonnenstrahlen breitet sich die atemberaubende Pracht der Nuba-Berge vor uns aus. Ich kann verstehen, dass diese Umgebung Menschen in ihren Bann gezogen hat. Die Nuba-Berge wirken so, als hätte Gott sie just in diesem Moment geschaffen.

Ein Garten Eden, aus der Zeit gefallen. Es gibt keinerlei Anzeichen, dass wir uns im 21. Jahrhundert befinden. Keine befestigte Straße führt hierher, als Transportmittel dienen Esel. Das biblisch anmutende Landschaftsbild wird geprägt von Palmen, Akazienbäumen und vereinzelten runden Lehmhütten. Ein bisschen fühlt es sich an, als sei ich in einem Paradies der Stille und Schönheit erwacht. Am Wegesrand sehe ich Frauen mit feinen Gesichtszügen in traditionellen farbenfrohen Kleidern lachen. An der Vollkommenheit der Bergkegel mit ihren glatten, abgerundeten Steinblöcken, die vereinzelt aus dem rötlichen Boden aufsteigen, kann ich mich nicht sattsehen.

Bereits in vorkolonialen Zeiten und verstärkt im 19. Jahrhundert flohen die Bewohner umliegender Regionen vor arabischen Sklavenhändlern in diese Berge. Seither ist der sagenumwobene Ort eine Art Rettungsinsel für verfolgte Ethnien und Minderheiten. In den fruchtbaren Tälern bauen die rund fünfzig schwarzafrikanischen Volksgruppen, die unter der Bezeichnung Nuba zusammengefasst werden, Mangos, Sesam, Erdnüsse und die allgegenwärtige Hirse, Sorghum genannt, an. Außerdem betreiben sie Viehzucht.

Über vierzig Sprachen werden hier gesprochen. In diesem abgeschiedenen Gebiet hat sich eine autarke Vielvölkergemeinschaft gebildet – ein lebendiges Beispiel dafür, dass ein friedvolles tribales Leben möglich ist. Denn die schwarzafrikanischen Nuba-Ethnien leben weitgehend konfliktfrei mit arabischen Nomaden zusammen, die vor rund zweihundert Jahren eingewandert sind. Auch die massiven Vorstöße des arabischen Nordens, die eine islamische Assimilierungskampagne betreiben, haben daran nichts Grundsätzliches verändert. Viele Nuba sind zwar zum Islam übergetreten, aber sie halten, wie auch viele christliche Mitglieder dieser Ethnien, zugleich noch an afrikanischen Glaubensformen wie dem Animismus, dem traditionellen Naturglauben, fest. Das harmonische Miteinander

Dame am Wegesrand

geht so weit, dass Christen und Muslime untereinander heiraten, ohne dass es großes Aufsehen erregen würde. Traditionell lebten die Nuba, wie Gott sie schuf: nackt. Ihre großen, schlanken, muskulösen Körper und ihre stolzen Gesichter zierten sie mit Schmucknarben.

Bei einem kleinen Markt halten wir kurz an. Auf dem Weg durch das archaische Treiben der Nuba fallen mir die vielen Erdlöcher auf. Im Schatten der Fieberakazien präsentieren die Einheimischen ihre Ware auf ausgebreiteten Tüchern. Ich nähere mich einer kleinen Gruppe, in der auch uniformierte Soldaten stehen. David möchte schnell weiter und gibt uns ein Zeichen. Doch ich gehe weiter auf die Menschen zu, auch wenn ich nicht weiß, wie sie auf mich reagieren werden. Anfangs schauen sie streng, dann lächeln einige. Ein Mädchen springt in ein Erdloch und zeigt mir, wie man sich darin versteckt.

Während ich sie aus der Hocke filme, um mit ihr auf Augenhöhe zu sein, breitet sich ein großer Schatten über mir aus. Als ich mich umdrehe und nach oben schaue, sehe ich gegen die Sonne die schwarze Silhouette eines Kamels vor mir. Der kleine Junge auf dem großen, hellbraunen Wüstenschiff blickt stolz herunter. Die wertvollen Reittiere werden seit je zum Transport der Landesprodukte benutzt. Früher kam man ausschließlich mit Kamelkarawanen in dieses unwegsame Gelände. Der selbstbewusste Hirtenjunge versucht, mich zu necken, indem er das Kamel immer wieder auf mich zusteuert. Das Tier röhrt und macht ein lautes Geräusch, das sich wie ein langes Aufstoßen anhört. Alle lachen. Für mich ist ein rülpsendes Kamel ebenso außergewöhnlich wie für die Nuba eine weiße Frau mit Kamera.

Da es auf dem Markt neben Erdnüssen kaum andere Waren gibt, haben die Frauen und Kinder auch keinen geschäftlichen Nachteil, wenn sie sich mit mir, der Ausländerin aus einer für sie nicht vorstellbaren Welt, beschäftigen. Anfangs etwas scheu und geflissentlich uninteressiert, werden sie immer netter zu mir. Neugierig beobachten sie mich, sobald ich mich wegdrehe. Dann fragen sie vorsichtig nach meiner Kamera und freuen sich, dieses Zauberinstrument aus der Nähe betrachten zu können.

Weiter hinten sehe ich ein Gebäude mit einem großen Loch im Dach. Es war einst eine Schule; der mit Schutzlöchern perforierte Pausenhof gleicht einem Schweizer Käse. Ich sehe vier Kinder im Sand sitzen und frage sie, woher dieses Loch im Dach kommt. »Ssschhhmmmmm«, summt eines der Mädchen, und ich verstehe, was sie meint. Wenn sie dieses Geräusch hört, bleiben ihr und ihren Freundinnen noch etwa zehn Sekunden. In dieser Zeit entscheidet sich, ob sie stirbt, ob ihr Gliedmaßen abgeschnitten werden oder ob sie nach dem Bombardement unversehrt aus dem Graben steigt. Sobald die Kleine das Zischen hört, lässt sie alles stehen und liegen, rennt so schnell sie kann, hechtet in das nächstgelegene Erdloch und hofft, dass genau dieses Loch nicht schon voll ist mit anderen Schutzsuchenden. Dann macht sie sich so klein wie möglich und wartet auf die Explosion. In ihrem kurzen Leben hat das Mädchen gelernt, wie es sich zu verhalten hat, wenn ein Regierungsflugzeug Bomben abwirft. Die Art, wie sie mir davon erzählt, irritiert mich zutiefst. Bombardierungen und Hunger sind Selbstverständlichkeiten für die Sechsjährige.

Im Hintergrund höre ich das Hupen unseres Fahrers. Der Kommandant der Rebellenarmee hat uns für heute ein Treffen zugesagt. David drängt zum Aufbruch. Das Nervenkostüm ist mittlerweile bei allen dünn geworden. Dass ich wegen meiner Aufnahmen immer länger brauche, nervt die anderen. Jeder in dem Land Cruiser hat seine eigene Agenda, die sich mit denen der anderen nicht wirklich vereinbaren lässt. Hinzu kommen wenig Schlaf, die flirrende Hitze,

Soldatin der Sudanesischen Volksbefreiungsbewegung Nord

das spärliche Essen, das seltsam riechende, modrig warme Wasser. Das alles drückt auf die Stimmung der Gruppe.

Nach einer staubigen Fahrt erreichen wir das Trainingslager der Sudanesischen Volksbefreiungsbewegung Nord. Bewaffnete Männer öffnen das Schilftor zum runden Vorhof, in dem uns Generalstabschef Jagud Mukwar empfängt. Auf Plastikstühlen hören wir uns an, was er zu sagen hat. Der Kommandeur trägt ein Hemd nach westlicher Mode und erklärt uns in gutem Englisch, dass die Ungerechtigkeit zwischen den Bevölkerungsgruppen der Kernpunkt des Konflikts sei. Der arabisch dominierte Norden des Landes mache kein Geheimnis daraus, dass er die gesamte Bevölkerung des Sudans nach seinen Vorstellungen zwangsislamisieren wolle. Sie hätten ja sogar den Dschihad gegen die Nuba ausgerufen. Der Kampf gegen die strukturelle Unterdrückung und Diskriminierung durch die arabische Regierung in Khartum werde deshalb weitergehen.

»Was ist das für ein Leben?«, fragt er uns. Für die nichtislamische Bevölkerung gebe es keine Schulen. Er selbst musste vom Unterricht in den Busch zum Kämpfen. Was passiert mit einer Gesellschaft ohne Schulausbildung? Dieser Krieg, den Khartum gegen sie führt, sei kein anderer als der Kampf der ehemaligen Sklavenhalter gegen ihre Sklaven. Auch hier gehe es um Rassismus, um nichts weniger als eine »ethnische Säuberung«. »Wir sind zum größten Teil Muslime hier«, betont er, »aber wir wollen, dass Religion und Staat getrennt sind. Wir wollen einen säkularen Staat. Religion ist Privatsache. Unsere liberale Auffassung vom Islam macht uns zur Zielscheibe. Warum sollten die Nuba in ihrem eignen Land als Bürger zweiter Klasse leben?« Der Kommandant redet sich in Rage. Die ganze Zeit hielt er eine Hand unter dem Tisch verborgen, aber jetzt gestikuliert er mit beiden Händen, wobei mir auffällt, dass ihm ein Finger fehlt. »Wir haben das satt. Wir kämpfen für die gleichen Rechte. Und was macht unser eigener Präsident? Er schmeißt Bomben auf uns.« Die Einheimischen müssten vor den Bomben in die Berge fliehen, wo Skorpione und Schlangen auf sie warteten. »Außerdem setzt er eine andere perfide, sehr effektive Vernichtungswaffe ein: Hunger. Ja, die Menschen hungern hier! In den Höhlen der Berge, in die sie sich flüchten müssen, gibt es kaum etwas zu essen. Die Felder werden nicht bestellt. Wir haben zu den Waffen gegriffen, um unsere Leute und unsere Rechte zu verteidigen. Wir kämpfen für unsere Freiheit und politische Gleichberechtigung. Es geht um unser Land und die Zivilisten.«

Die amerikanische Journalistin möchte ein Interview mit dem

General führen. Melinda, als glühende Anhängerin der Demokraten eine bekennende Trump-Verächterin, zückt ihren Stift und einen Block. Da Sudan als einer der ersten Staaten vom sogenannten Muslim Ban (Staatsbürger einiger muslimischer Länder durften nicht mehr in die USA einreisen) betroffen war, stellt sie sich darauf ein, dass gleich eine Hasstirade gegen den amerikanischen Präsidenten losgehen wird. Weit gefehlt. Der Kommandeur entpuppt sich als Trump-Fan. Trump werde dem sudanesischen Präsidenten Omar Baschir, der wegen Kriegsverbrechen vom Internationalen Strafgerichtshof angeklagt wurde, das Handwerk legen. Trump wolle keine radikalisierten Islamisten – das wollen die Nuba auch nicht. Ungläubig hakt Melinda nach. Trump sei ein richtiger Mann, ein Mann der Tat, ein Macher, bekommt sie zur Antwort. Zunehmend irritiert stellt sie weitere Fragen.

Ich lasse beide weiterdiskutieren und gehe hinaus auf den Hof. Unter einem Affenbrotbaum sitzen die Bodyguards des Kommandeurs mit ihren Kalaschnikows und behalten die Sandpiste im Blick. Ein Stück entfernt sind Soldaten mit Sportübungen beschäftigt. Nach einer Joggingrunde durch die unberührte Landschaft erhalten sie den Befehl zu Liegestützen. Danach bläst der Anführer in seine Trillerpfeife und lässt die jungen Männer wieder singend losrennen. Weit und breit kein einziges Gebäude aus Beton, nur Natur und runde Lehmhäuser. Alles wirkt so friedlich.

In etwas weiterer Entfernung sehe ich eine Staubwolke, unter der eine Menschenansammlung im Kreis sitzt. Mustafa bringt uns hin. Es sind Kriegsgefangene, die auf dem Boden kauern. Die meisten lassen den Kopf hängen. Erst möchte niemand mit uns sprechen, doch dann beginnt ein junger Mann zu erzählen. Er habe die schlimmsten Geschichten über die Nuba gehört und deshalb gegen sie kämpfen wollen. Jetzt bereue er es. Niemand von der Regierung im Sudan sei an ihnen, den Gefangenen, interessiert. Das Regime habe sie aufgegeben, vergessen. Nur einen innigen Wunsch habe er: heimkehren.

Während er spricht, merke ich, dass mich jemand anstarrt. Suchend drehe ich mich um. Ein zitternder Junge, der zum Schutz vor dem Wind einen zerfetzten Lappen auf dem Kopf trägt, scheint schwer krank zu sein. Seine Augen sind rot und wässrig, aber vor allem eins: unendlich traurig. Er scheint in der glühenden Hitze zu frieren und versucht, sich mit einem Sack zu wärmen. Er hört nicht auf, meinen Blick zu suchen. Er wirkt dabei wie ein Junge, der niemandem etwas zuleide tun kann. Vermutlich wird er nie wieder nach Hause kommen, seine Eltern nie wiedersehen. Er wird in der Ferne einsam sterben und in fremder Erde begraben werden. Niemand aus seiner Familie wird wissen, wo. Nichts wird an ihn erinnern. Immer noch schaut er mich an, aber in seinem Blick liegt kein Bitten um Hilfe. Der junge Mann hat sich bereits aufgegeben, hat sein Schicksal hingenommen.

In mein Gefühl der Ohnmacht mischen sich Wut und tiefe Trauer. Ich hasse diese Ungerechtigkeit. Warum bin ich ich und er er? Warum darf ich leben und er nicht? Der reine Zufall entscheidet darüber, wann man an welchem Ort geboren wird. Wie primitiv sind wir Menschen, dass wir noch im 21. Jahrhundert Bomben auf andere werfen? Wie können wir es bis heute zulassen, dass die Jugend ins Unglück gestürzt wird? Es hat sich nichts geändert: Die Alten befehlen den Krieg, und die Jungen sterben. Dieses ewige Kämpfen, Töten, Rächen liegt wie ein Fluch auf uns Menschen.

Wir steigen ins Auto und machen uns auf den Weg zum letzten und eigentlichen Ziel dieser beschwerlichen Reise. Vor einiger Zeit habe ich von einem Arzt gehört, der in den Nuba-Bergen bleibt, obwohl alle anderen gehen mussten. Jemand, der unter den schwierigsten Umständen den Armen und Verletzten hilft. Ein Fremder, ein Amerikaner, der nicht gekommen ist, um sich zu bereichern, sondern um zu helfen. Dr. Tom Catena ist der einzige ständig hier tätige Arzt für etwa eine Million Menschen aus dieser Region. Ich hatte ihn angeschrieben und gefragt, ob es möglich sei, ihn zu treffen – vorausgesetzt, ich schaffe es bis in sein Krankenhaus. Damals war das noch abstrakt, nichts weiter als eine Idee von mir. Aber wie man so schön sagt: Nichts ist stärker als eine Idee, deren Zeit gekommen ist. Jetzt habe ich also tatsächlich das »Mother of Mercy Hospital« erreicht. Dr. Tom, wie er hier genannt wird, operiert gerade, lässt aber ausrichten, dass wir ihn in seinem Haus treffen können. Filmaufnahmen in der Nähe des Krankenhauses hat er nicht gern, da es schon öfter bombardiert wurde.

Mitten auf einem Feld in der Nähe des Gebäudes ragt eine mannshohe, fünfhundert Kilogramm schwere Rakete aus dem Trockengras heraus. Aus irgendeinem Grund ist sie nicht explodiert. Ich nähere mich, um sie zu inspizieren. Nun kann ich mir ein Bild davon machen, was bei einem Angriff vom Himmel herabschießt.

Nicht explodierte Rakete

Diese Streubomben sind dafür bestimmt, so viele Menschen wie möglich zu verletzen. Seit Jahren bin ich in Kriegsgebieten unterwegs, sehe immer wieder Waffen, Minen, Bomben. Gewöhnen kann ich mich an den Anblick nicht. Immer frage ich mich: Wer hat sie in Auftrag gegeben, wer hat sie entwickelt, wer hat sie gebaut, wer hat sie verladen, wer hat sie abgeworfen? Sie alle haben sich schuldig gemacht.

Ein paar Meter daneben liegt eine weitere nicht explodierte Bombe auf dem Boden. Es passt einfach nicht zusammen. Alles ist so friedlich still und schön, nur der Wind ist zu hören. Die meisten Menschen hier besitzen keine Handys, keine Kühlschränke, keine Autos, haben keinen Strom, kennen keine Supermärkte. Die einzige moderne Technik, mit der sie in Berührung kommen, sind die todbringenden Raketen. Sogar die Kinder haben sich daran gewöhnt, dass die großen Metallvögel das Verderben bringen.

In seinem Haus stößt Dr. Tom zu uns. Endlich kann ich mit ihm persönlich sprechen. Jeden Tag stehe er um 5.30 Uhr auf, bete und fange an zu operieren, erzählt er. Während der Arbeit im Krankenhaus sind er und seine wenigen Mitarbeiter in Habachtstellung. Bei jedem Geräusch halten sie inne und überlegen: Ist das ein Auto oder ein Flugzeug, eine Antonow oder eine Suchhoi? »Wenn du den schrillen Ton der Bombe aus einer Antonow hörst, ungefähr so: ›Sssszz‹, dann hast du zehn Sekunden Zeit. Falls du aber das Geräusch einer Rakete hörst, die aus einer Suchhoi abgeschossen wurde, war es das Letzte, was du jemals gehört hast. Dann bist du gleich tot.« Vernimmt Dr. Tom während einer Operation Flugzeuggeräusche, muss er sich entscheiden, ob er weiteroperiert oder unterbricht und sich auf den Boden wirft. »Wir alle sind traumatisiert«, sagt der Arzt.

Seine Arbeit sei extrem anstrengend. Körperlich, aber auch emotional. Jeden Tag muss er auswählen, für wen das wenige verfügbare Material verwendet wird und wen er seinem Schicksal überlässt. Diese Entscheidungen scheinen ihm zuzusetzen. Mit einer jedoch hadert der Mittfünfziger ganz und gar nicht: in die Nuba-Berge gezogen zu sein. Er ist gekommen, um zu bleiben und seinen Dienst diesen Menschen zur Verfügung zu stellen. Sein Einsatz hier ist zu seinem Lebensinhalt geworden. Von außen mag das, was er tut, wie ein Tropfen im Ozean aussehen, das wisse er. Doch ein Menschenleben zu retten ist das Größte und Wichtigste. Für ihn ist es alles, was zählt. Hört man Dr. Tom reden, verschwinden alle Zweifel.

Vor vielen Jahren hat er eine Klinik für Leprakranke gebaut, in denen die Patienten ein Jahr stationär betreut werden. Er berührt die Menschen und spielt mit den kranken Kindern – ein wichtiges Signal an ihre Umwelt, denn Leprakranke gelten hier fälschlicherweise als hochansteckend. So traut sich niemand in die Nähe der verzweifelten Aussätzigen, die auch noch soziale Ächtung erleiden müssen.

Dr. Toms Frau Nasima, eine Nuba, bietet uns draußen Tee an. Dass sich ihre Zuneigung zueinander entwickeln konnte, ist ungewöhnlich, denn Dating ist strengstens verboten. Ihre Beziehung begann als geheime Liebe, die nun gedeihen darf, da sie verheiratet sind. In einer mit Schilf überdachten Hütte nehmen wir Platz. Unserem Gespräch wohnen zwei gut gemästete Perlhühner bei. Nasima setzt dem Chaos ihres Umfelds ihren glasklaren Verstand entgegen. Ruhig, fast meditativ berichtet sie von ihrer Arbeit als Krankenschwester. Sie erzählt, wie an schlimmen Tagen Verletzte im Minutentakt in das einzige Krankenhaus weit und breit gebracht werden. Weil es in dieser ursprünglichen, abgelegenen Gegend kaum Autos gibt, können die Patienten nur auf dem Rücken oder auf improvisierten Liegen transportiert werden. Den mühsamen, oft tagelangen Weg ins Krankenhaus überleben viele nicht. Denen, die es hierherschaffen, wird unter den gegebenen Bedingungen bestmöglich geholfen.

Mit ihren jungen Jahren hat Nasima schon bei zahlreichen Amputationen assistiert.

Für manch arme Seelen endet die Operation nach all der Qual dann dennoch im Tod. Dieses Schicksal, erklärt sie uns, ereilt vor allem die Menschen, die nicht schnell genug in einen Schutzgraben springen können. Die Splitter der Bomben zerschneiden alles, was sich ihnen in den Weg stellt. Am schwersten sei es, wenn es sich bei den Opfern um gute Freunde handelt. Nasima, die unter einem Baum ihren Schulunterricht erhielt und später viel im Krankenhaus lernte, weiß, dass auch sie auf einem Präsentierteller lebt, dass es auch sie jederzeit erwischen kann. Dennoch habe sie nie mit dem Gedanken gespielt, zu gehen. Auch sie bleibt, um zu helfen.

Wie kann ein Mensch in solch einer lebensfeindlichen Umgebung nur so rein bleiben, frage ich mich. In ihrer Art, sich zu bewegen und zu sprechen, schwingt kein Fünkchen Hass mit. Sie ist sich ihres Mutes nicht einmal bewusst. Selten traf ich einen Menschen, dessen Innenleben so sehr im Einklang mit seinen Handlungen steht. Nasimas Zuversicht, dass alles einen glücklichen Ausgang nehmen werde, überrascht und beeindruckt mich gleichermaßen. Ist ihre Unschuld die Grundlage für ihren Mut? Nasima fürchtet sich nicht, denn sie ist erfüllt von einem Motiv, das auf Liebe beruht.

Am nächsten Morgen brechen wir auf. Versöhnt verlasse ich die Nuba-Berge, eine Region, die unwirklich schön im Licht des frühen Tages glänzt. Solange es Menschen gibt, deren Antrieb es ist, Wunden zu heilen und nicht zuzufügen, Leben zu retten und nicht zu zerstören, so lange lebt die Hoffnung.

Meine Stunde hat
noch nicht geschlagen

Libyen, November 2011

Das Jahr 2011 neigt sich dem Ende zu. Was ist alles in dieser kurzen Zeit geschehen? Der tunesische Präsident Ben Ali floh nach vierundzwanzig Jahren Alleinherrschaft aus seinem Land, Husni Mubarak, seit 1981 Ägyptens Staatsoberhaupt, trat zurück, Gaddafi wurde umgebracht, auch Kim Jong-il wird dieses Jahr nicht überleben. Eine Neuordnung auf der großen Bühne nimmt ihren Lauf. Auch in meinem Leben ist die Welt aus den Fugen geraten.

Mit Jürgen reise ich erneut nach Libyen, zum vierten Mal seit dem Anschlag. Wir möchten Abdul Latifs Familie noch einmal sehen. Ich muss endlich zurück zum Anschlagsort.

In Bengasi empfängt uns wieder Abdul Latifs Bruder Ahmed. Mit ihm spazieren wir am Abend durch die Stadt. Sie ist voll von Müll, den niemand mehr abholt. Über den Fenstern der Häuser haben Flammen die Fassaden schwarz gefärbt. Überall weht die freie libysche Flagge im Wind, Symbol der Rebellen. Die kühle Nacht dringt in meine Knochen, wie damals bei unserer Flucht durch die Wüste. Diesmal habe ich eine Fleecejacke, und ich habe Wasser dabei.

Den Tahrir-Platz säumen Plakate von Männern, die in diesem Krieg getötet wurden. Nun werden sie als Märtyrer verehrt.

Muammar Gaddafi, der von hier aus bekämpft wurde, ist nun tot. Die Aufnahmen seines geschundenen Leichnams gingen vor drei Wochen um die Welt. Auch die Bilder derer, die sich darüber freuten.

Hillary Clinton zum Beispiel: »Wir kamen, wir sahen, er starb.« So triumphierte die US-Außenministerin lächelnd nach dem Tod Gaddafis und seines Sohnes Mutassim, den sie zwei Jahre zuvor noch charmiert hatte.

Auch Frankreichs Präsident Nicolas Sarkozy, dem nachgesagt wird, er habe von dem Despoten eine hohe Summe für seinen Wahlkampf erhalten und ihn deshalb hofiert, konnte kaum erwarten, ihn tot zu sehen. Ich finde es abstoßend, dass man sich über einen gefolterten Körper freuen kann – sei es auch jener von Gaddafi. Beim Anblick des toten Diktators, in dessen Auftrag ich umgebracht werden sollte, empfand ich keine Freude. Die Brutalität einiger Menschen ekelt mich an. Auf allen Seiten. Auch Menschen, die sich wie Bestien mit roher Gewalt aufeinanderstürzten, ihren einstigen Herrscher aufs Äußerste quälten, ihn mit einem Gegenstand vergewaltigten, bevor sie ihn erledigten. Die Gewaltspirale dreht sich weiter. Die Leichen von Muammar und Mutassim Gaddafi wurden mehrere Tage zur Schau gestellt. Es ist primitiv.

Für mich persönlich bedeutet Gaddafis Tod, nicht mehr in Gefahr zu sein.

Weil ich auf meiner Kamera Beweismaterial vom Anschlag habe, bei dem Zivilisten umgebracht wurden, kontaktierte mich das Bundeskriminalamt. Mehrere Stunden wurde ich verhört. Die Angaben würden an den Internationalen Strafgerichtshof weitergeleitet. Falls Gaddafi dort angeklagt würde, sollten diese konkreten Beweise für das Gerichtsverfahren aufgeführt werden. Ich bin somit unfreiwillig Zeugin gegen ihn geworden. Ich könnte auch Personenschutz beantragen, wurde mir gesagt.

Doch wenn Gaddafis Leute mit dem Rücken zur Wand stünden und Zeugen ausschalten wollten, würde mir das nicht helfen. Da bin ich mir sicher.

Jede Nacht schreckte ich hoch und bildete mir ein, jemand habe sich in meinem Zimmer versteckt, um mich zu töten. Vielleicht hört das nun irgendwann auf.

Der großmütige Ahmed nimmt uns mit zu seiner Familie, die uns wie langjährige Freunde empfängt. Die Frauen zeigen uns stolz den Nachwuchs, legen mir einen in bunte Decken gewickelten Säugling in den Arm. Zwei Schwestern von Abdul Latif haben Söhne entbunden – sie tragen nun seinen Namen. Auch in der Nachbarschaft sind Neugeborene nach ihm benannt. Mehrere Abdul Latifs wachsen nun heran. Ich sehe dem Kind auf meinem Arm ins zarte Gesicht und spüre seit Langem wieder etwas: Hoffnung. Abdul Latif wird nicht vergessen, er wird fortbestehen in einer Generation, die hoffentlich den Frieden erleben darf.

Die Nacht verbringen wir im gleichen Hotel wie bei unseren vorigen Besuchen. Vor dem Eingang parken Autos mit Schussvorrichtung, an der Tür verbietet ein Schild das Tragen von Kalaschnikows und Pistolen. Wo ich normalerweise Journalisten und internationale Gäste antraf, gehen diesmal nur noch Männer aus der Region ein und aus. Ich bin die einzige Frau unter ihnen. Die meisten tragen Uniform, wenige Anzüge und Aktenkoffer in den Händen. Krieger und Kriegsgewinner. Jeder macht seine Arbeit.

Die Zimmer sind verwahrloster als vor ein paar Monaten, dafür noch teurer. Während ich unruhig in meinem Bett döse, klopft es um zwei Uhr morgens an meiner Tür. Ich schrecke in Panik auf. Sicher habe ich im Halbschlaf schlecht geträumt, wie jede Nacht. Da ist nichts. »Julia«, ruft es plötzlich. »Mach auf! Ich bin es, Youssef.« Woher weiß er, dass ich hier bin? Youssef hat mit uns den Anschlag überlebt, wir liefen gemeinsam durch die Wüste, er hielt das Auto auf, das uns in die nächste Stadt brachte. Ich habe ihm viel zu verdanken. Was soll ich bloß tun? Ich weiß, wenn ich jetzt die Tür öffne, wird er es als Signal sehen. Nachts werde ich nicht die Tür öffnen. Seit Monaten sieht er nur bewaffnete Männer, Krieg, Tod. Seitdem ruft er mich regelmäßig an und schickt mir Nachrichten, immer von anderen Telefonnummern. Anfangs habe ich noch geantwortet, doch als die Nachrichten immer drängender, radikaler wurden, ließ ich es sein.

Irgendwo muss er erfahren haben, dass ich in der Stadt bin. Youssef lässt nicht von der Tür ab, er hämmert noch heftiger. Ich habe Angst, dass er sie aufbricht, greife nach dem Hörer, um mit der Rezeption zu telefonieren – die Leitung ist tot. »Mach die Tür auf!« Ich versuche, Youssef zu beruhigen. Komm morgen zurück, rufe ich, dann können wir reden. Zwanzig Minuten versucht er es weiter, dann höre ich nichts mehr. Am nächsten Morgen erfahre ich, dass er drei Stunden auf einer Couch im Gang geschlafen hat. Warum bewegt er sich nur in der Dunkelheit? Warum kommt er nicht tagsüber? Ich habe so viel mit ihm zu besprechen. Da ich seine Nummer nicht habe, kann ich keinen Kontakt aufnehmen.

Abdul Latifs Sohn Haidun und dessen Onkel Ahmed warten bereits auf uns. Sie begleiten uns ins »Tal der Flammen«. In ihrem blauen Kleinbus, auf dessen Motorhaube das Gesicht Abdul Latifs prangt, fahren wir über Adschdabija Richtung Brega, wie damals. Mir ist bei dieser Fahrt mulmig zumute. Ich wollte unbedingt noch einmal zurück, nun frage ich mich allerdings, warum ich mir das antue. Seit dem Anschlag gehe ich diesen Weg wieder und wieder in Gedanken ab, sehe die Autos, aus denen uns Menschen zuwinken, einige Kilometer weiter die ausgebrannten Karosserien, spüre die Rakete an mir vorbeizischen, die Explosion unseres Autos, das Beben, die Gefahr, die Panik, meine bleiernen Füße, die in Zeitlupe zu einer Düne rennen, hinter der ich mich zu verstecken versuche wie das Kaninchen vor dem Wolf. Hunderte Male bin ich in Gedanken an diesen Ort zurückgekehrt. Nun ist auch mein Körper anwesend.

An einer Straßenkontrolle diskutieren zwei Uniformierte darüber, wie sie den Öllaster abfertigen sollen, der passieren möchte. Ein

Haus zieht vorbei, das zur Hälfte zerbombt wurde, verwaiste Panzer und verkohlte Fahrzeuge säumen den Straßenrand. Ein Granatwerfer steht verlassen in der Wüstenlandschaft. Wurden wir mit ihm beschossen? Wie viele Menschenleben wurden durch dieses Gerät ausgelöscht? Gebannt halte ich Ausschau nach den ausgebrannten Autos, an denen wir damals anhielten, um sie zu inspizieren. Dann die mir bekannte Anordnung der Wracks. Die durch ein weiteres ergänzt wurde. Unseres. Rechts neben der Straße liegt es umgekippt auf dem Dach. Jemand muss es aus dem Weg geräumt haben, damit die Lastwagen mit den Panzern passieren konnten. Auf der Fahrbahn zeugt eine pechschwarze Stelle vom lodernden Feuerball, den ich vor meinem geistigen Auge sehe. Auf der Straße haben die Einschüsse der Granaten Krater hinterlassen. Vom Auto ist nur der verkokelte Rahmen übrig geblieben. Ahmed und Haidun kriechen hinein, auf der Suche nach etwas, das Abdul Latif gehört haben könnte.

Einige Meter neben dem Auto liegt eine zerbrochene Windschutzscheibe. Ich versuche, die Abläufe des Anschlags zu rekonstruieren, um so Klarheit in meine Gedanken zu bringen und mir vielleicht ein wenig Frieden. Rund dreieinhalb Stunden ballerten Gaddafis Männer Granaten und Raketen auf uns. Warum? »Für Gaddafi wart ihr keine Menschen«, sagt Ahmed. Auf seiner Handfläche liegt ein verkohltes Brillenetui. Haidun zeigt die Überreste des Nummernschilds, ein zerfetztes Handy, dessen einzelne Platinen er aus dem Wrack geborgen hat.

Ich beginne zu suchen. Nach meinem Ausweis, dem Mobiltelefon, das ich im Auto zurückgelassen hatte. Ich möchte wiederfinden, was ich verloren habe, mich wiederfinden. Möchte nichts zurücklassen, meine Spuren verwischen. Ich will mit diesem Ort abschließen. Zwischen Eisenteilen und Steinen ziehe ich die verkohlte Hülle meines alten Smartphones heraus. Ich kann es erst gar nicht fassen, dass ich sie hier gefunden habe, und stecke sie ein. Während Haidun die freie libysche Flagge in den Auspuff steckt, hebe ich vom Boden Splitterteile der tödlichen Rakete auf. Auch sie verwahre ich in meiner Tasche. Wie ein schwerer Mantel liegt die Trauer auf meinen Schultern.

Ahmed ist der Meinung, dass die Stunde seines Bruders gekommen war. Wäre er nicht durch Gaddafis Rakete gestorben, dann auf andere Weise. Ich bewundere seinen Umgang mit dem Tod, der für viele Westler so unakzeptabel scheint, dass wir oft daran zugrunde gehen.

Wir suchen die Düne, hinter der wir stundenlang in Deckung lagen, laufen an einem großen Krater vorbei. Eine Bodenmine liegt herausgerissen im Sand – die mieseste Kriegswaffe! Wenn sie einen nicht sofort tötet, zerfetzt sie das Bein und lässt einen langsam und qualvoll verbluten. Wie Menschen sich nur so etwas Perfides ausdenken können! Ich war in so vielen Krisen- und Kriegsgebieten, doch ich verstehe es noch immer nicht, werde es nie verstehen.

Die Dünen hier sehen alle gleich aus. Im Sand fällt uns ein schmaler Graben auf. War es hier? Ich weiß es nicht mehr. Die Todesangst war damals so übermächtig.

Ein paar Kilometer weiter finden wir die Anhöhe, von der aus Gaddafis Soldaten auf die anderen Autos und auf uns gezielt hatten. Wegen der Bodenminen im Sand möchte ich nicht hoch, auch wenn eine Eselsspur zeigt, wohin man treten kann. Soll es nach all dem, was uns passierte, so enden? Nach ein paar Minuten überwinde ich mich. Ich muss es mit eigenen Augen sehen, Beweise sammeln. Mit vorsichtigen Schritten gehe ich den Hügel hinauf. Sieben grüne Raketenhülsen liegen dort. Keine Fehlerquote. Jeder Schuss hat ein Auto getroffen. Eine Weinflasche, die im Sand liegt, erweckt den Zorn des Sohnes. Diese haben die Schützen offenbar geleert, während sie ihrem Vernichtungswerk nachgingen. Haidun hebt die Flasche auf und wirft sie voller Trauer und Verachtung in die weite Wüste.

Dann fahren wir weiter nach Brega – die Stadt, die wir damals anvisierten, aber nie erreichten. Der Grund, weshalb diese Stadt so umkämpft war, sticht sofort ins Auge: ein riesiger verkohlter Öltank. Bei unserer nächtlichen Odyssee durch die Wüste sah ich ihn lichterloh brennen. Auf der Rückfahrt bemerke ich weiße Gebäude in der Sandwüste. Es ist der Ort, in dem wir damals Hilfe suchten und niemanden antrafen. Alle Bewohner waren bereits vor Gaddafis Leuten geflohen. Seine Truppen kamen kurz nach uns, danach die Nato. Bombenhagel und zahlreiche Tote waren in beiden Fällen die Folge.

Die Reise ist vollendet. So viel geht in mir vor, Trauer, Wut, Unverständnis, Erleichterung. So viel, dass ich überhaupt nichts empfinde. Mein Instinkt sagte mir, ich müsse den Anschlag vor Ort noch einmal erleben, um ihn zu bewältigen. Doch ich spüre dieselbe Leere wie zuvor, dieselbe Hilflosigkeit. Erst in den kommenden Monaten wird mir klar werden, dass dieser Besuch nötig war, um wieder ein halbwegs normales Leben führen zu können. Welch ein Glück ich hatte. Oder war es doch Zufall? Ich weiß es nicht, ich weiß nur, dass meine Stunde wohl noch nicht geschlagen hat. Ich habe das größte Geschenk überhaupt bekommen: ein neues Leben.

Nachwort

Realität des Zerstörens, enttäuschter Frieden und Traum der Befreiung. Wie kann ich die Erfahrungen der vergangenen Jahre in Worte fassen?

Leid. Ungerechtigkeit. Unschuldige Opfer. Sinnlos Getötete. Auch so viele, die die Wahrheit suchten, haben nicht überlebt. Warum überhaupt dokumentieren, wozu der Mensch fähig ist? Nach jeder schrecklichen Nachricht habe ich mich gefragt, wie lange man mit der einen Hand das Jenseits berühren und mit der anderen auf den Auslöser drücken kann. Warum in Bildern festhalten, was wir uns gegenseitig antun?

Während die Welt in ständigem Wandel ist, Grenzen neu gezogen, Länder geschluckt, geteilt und neu geboren werden. Während Gier und Zerstörung um sich greifen und der Hass zu triumphieren scheint, begegnete mir immer wieder das schöne Unverhoffte: Menschlichkeit.

Denn Frieden fängt im Kleinen an. Da, wo man es nicht vermutet, traf ich Menschen, die ständig in den Abgrund blicken, ohne selbst hinuntergezogen zu werden. Die sich Hass und Zerstörung aussetzen, ohne den Glauben an das Gute zu verlieren. Die heilen, lehren, teilen. Die den Mut haben, als Erstes zu vergeben. Die an die Gemeinschaft und an die Zukunft denken. Vielleicht nicht sofort, vielleicht nicht morgen. Doch am Ende sind es sie, die gewinnen.

Danksagung

Ich möchte mich bei allen Menschen bedanken, denen ich bei meinen Reisen begegnen durfte, die Mut und Hoffnung schenkten. Und ich danke

Heini und Gudrun für ihre endlose Geduld und Großzügigkeit,
Johannes dafür, dass er so ist, wie er ist,
Elisabeth Sandmann für ihre unermüdliche Ermutigung,
Alicia und ihrer Familie für die guten Ratschläge und all die schönen Erinnerungen,
Xenia für ihre loyale Reiselust auch an ungemütliche Orte,
Nanni für ihre Unterstützung,
Julia für ihre Treue,
Heidi für ihre Hilfsbereitschaft,
Netti für ihr Klarheit und die »nette Reaktion«,
Roja Pande für ihre Verlässlichkeit,
Sina für ihren tatkräftigen Beistand.

Fotonachweise

Alle Fotos stammen von der Autorin mit Ausnahme von:

Der Beginn eines Lebens an den Brennpunkten unserer Welt: privat

Breaking the silence: Arbeit am nächsten Tag: © Jürgen Killenberger, 2012;
Ich werde verschleppt: Internetvideo – aus einem uns zugespielten Film;
Ich bin zur Beute der Baltagiya geworden: Internetvideo – aus einem uns zugespielten Film

Die Arbeit als freie Journalistin: In einer Moschee, Ägypten: privat;
In einer Frachtmaschine über dem Südsudan: privat;
Balkan: © Gregor Nicolai, 2013

Die Gabe der Großmütigen: Filmstills aus einem uns zugespielten Video